Paris Creative Couples

Introduction

パリは、ラヴストーリーあふれるロマンチックな街。
そんな恋人たちの街で暮らすクリエーターには
自宅に、アトリエやオフィスを構えて、
カップルで一緒に仕事をしている人たちもたくさん。

ふたりでクリエーションするって、どんな感じ？
どんなふうに出会ったの？プライベートと仕事の両立は？
そんなクエスチョンを抱えて、私たちは
パリのクリエーターカップルたちの
住まい兼アトリエを訪ねました。

よろこびを分かちあい、お互いを助けあい、支えあう、
その思いやりのこころは、恋愛でも仕事でも同じ。
新しいことにチャレンジするときも、心強いし、
トラブルがあったって、乗り越えられるはず。
そのパワーの源になるのが、パートナーの存在。
クリエーションをとおして、ふたりのきずなはさらに深まります。
一緒に暮らし、物づくりをするアパルトマンには、
ふたりの歩んできた物語と、これからの夢があふれています。

ジュウ・ドゥ・ポゥム

Aurélie Dorard et Romuald Stivine

contents

Cheri Messerli et David Rager
シェリー・メセルリ＆ダヴィッド・ラジェ
designer, styliste et directeur artistique · 6

Agnès et Jacques Choï
アニエス＆ジャック・ショイ
créateurs de LOUISON · 14

matali crasset et Francis Fichot
マタリ・クラセ＆フランシス・フィショ
designer et directeur du studio matali crasset productions · 22

Aurélie Dorard et Romuald Stivine
オレリー・ドラル＆ロミュアル・スティヴィヌ
créateurs de The Lazy Dog · 30

Annelise Cochet et David Valy
アヌリズ・コシェ＆ダヴィッド・ヴァリィ
créateurs de Camping design, designers graphique · 38

Marie Montaud et Gilles Ballard
マリー・モントー＆ジル・バラール
créateurs de Médecine Douce · 46

Agnès Cambus et Manuel Bonnemazou
アニエス・カンブス＆マニュエル・ボンヌマズー
designers et architectes d'intérieur de l'Agence Element-s · 52

Caroline et Julien Magre
キャロリーヌ＆ジュリアン・マグル
graphiste de whitepapierstudio et photographe · 56

Cécile Daladier et Nicolas Soulier
セシル・ダラディエ＆ニコラ・スリエ
créateurs de Assaï · 60

Alix Thomsen et Lionel Bensemoun
アリックス・トムセン＆リオネル・ベンスモン
créateurs de Thomsen · 68

Florence Loewy et Emmanuel Hervé
フローランス・ロエウイ＆エマニュエル・エルヴェ
créateurs de la Librairie Florence Loewy · 76

Noriko Shiojiri et Durgué Laigret
ノリコ・シオジリ＆ドゥルゲ・レグレ
créateurs de ie · 82

Alexandrine Soudry et Karim Laroui
アレクサンドリーヌ・スドリィ＆カリム・ラルイ
créateurs de Ali met Floyd, décoratrice et architecte d'intérieur · · · · · · · · · · · · · · · · 90

Line Fontana et David Fagart
リヌ・フォンタナ＆ダヴィッド・ファガール
créateurs de l'Atelier L+D, architectes · 94

Sophie Deiss et Jean-Christophe Saurel
ソフィー・デス＆ジャン＝クリストフ・ソレル
duo de réalisateurs soandsau · 100

Radka Leitmeritz et René Hallen
ラドカ・レイツメリッツ＆ルネ・ハーレン
duo de photographes René & Radka · 104

Esther Loonen et Julien Rivet
エステル・ローネン＆ジュリアン・リヴェ
styliste et conseiller de LILI & THE FUNKY BOYS · 112

Clémence et Didier Krzentowski
クレマンス＆ディディエ・クラントウスキ
fondateurs de la Galerie kreo · 118

Cheri Messerli et David Rager

シェリー・メセルリ＆ダヴィッド・ラジェ

designer, styliste et directeur artistique
デザイナー、スタイリスト＆アートディレクター

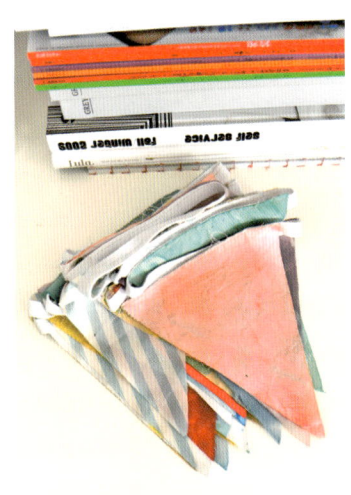

ホリデーをさがして、パリのアメリカ人カップル

カリフォルニア出身のシェリーとダヴィッド。
ロサンゼルス、ニューヨークで暮らした後に
もう一度、カリフォルニアに戻って、結婚！
そして犬のスクートと、パリへやってきました。
カメラを手にして、ふたりでお散歩へ出かけると
仲よく歩いていても、同じ写真は1枚もないのだそう。
お互いの感じ方に教えられることも、しばしば。
そんなふたりの視点の違いが、クリエーションを
より楽しく、豊かなものにしているようです。

シェリーとダヴィッドの出会いは、イースター・パーティ。うさぎの耳をつけていたダヴィッドを、シェリーが写真に撮ったことがきっかけでした。ファッションやデザインのアドバイザーとして活躍するシェリーと、アートディレクターのダヴィッドは、それぞれの分野で仕事をしながら、共通のプロジェクトにも取り組んでいるところ。ふたりの住まい兼オフィスは、パリ9区にあるオスマン・スタイルのアパルトマンです。家具はレンタルしながら、お気に入りのテキスタイルや雑貨で自分たちらしく。好きなものたちに囲まれる、愛情のこもった空間に仕上げました。

左：たっぷりの日光がさしこんでくるダイニングテーブルは、お気に入りのワークスペースとしても活躍。右上：ヴィンテージ風カメラケースは、ダヴィッドのデジタルカメラ用。右下：テーブルクロスやポケットチーフ、デコレーションすべてをハンドメイドした、ふたりの結婚式の写真。

左上：新しい企画のアイデアで頭の頭の中はいつもいっぱい。結婚式など特別な日をコーディネートするサイトを立ち上げたばかり。右上：ガーランドをモチーフにしたネックレスは、シェリーの作品。左中：結婚式のために、数えきれないほど作った小さな折り鶴。右下：パリへやってきたときに撮影した写真を1冊の本に。右下：結婚式のときに自分たちで染めたテーブルクロスでソファーをおおって。

左上：パリのアート系本屋さん「Ofr.」とコラボレーションした印刷物。右上：色やデザインが気に入っている雑誌「ザ・ジェントルウーマン」。左下：玄関のそばにあるヴィンテージの赤いデスクは、シェリーのソーイングコーナー。右中：ダヴィッドのお父さんから譲り受けた彫刻の前には、結婚式で花をいけたガラス瓶をそのままディスプレイ。右下：スクートも一緒に撮影した、結婚式の記念写真。

モダンなグレーの壁面と、木の梁がむきだしになった素朴な天井の組み合わせが印象的なキッチン。ディナーのあとは、ここでワインを片手におしゃべりを楽しみます。

左上：シェリー作のネックレスは、ダヴィッドと立ち上げるサイトで販売する予定。右上：ダヴィッドがデザインした、カリフォルニアのエコロジーセンターの印刷物。左下：天窓にアクリルボックスを取り付けて、バジルなどを育てるミニ・キッチンガーデンに。右中：結婚式のときに友だちに書いてもらったメッセージは、大切な宝物。右下：子どものころから愛用しているシェリーのうさぎのカップ。

左上：エコロジーセンターのコットンバッグは、ダヴィッドのデザイン。左中：個性的なフォルムのケトルで、キッチンを楽しく。右上：木の梁に、自分たちでフックを取り付けて、お鍋やキッチン用品を収納。左下：結婚式の思い出のお皿たち。食事の席では、ふたりが集めた1枚1枚すべて違う柄のお皿を使って、楽しいテーブルに。右下：鳥は、お気に入りのモチーフのひとつ。

Agnès et Jacques Choï

アニエス&ジャック・ショイ

créateurs de LOUISON
「ルイゾン」クリエーター

デザインのポイントは、ふたりの楽しいストーリー

シンプルな形に、チャーミングなアクセント。
アニエスとジャックが手がける「ルイゾン」は
ふたりのまわりで起きた楽しいできごとが
インスピレーション・ソースになっています。
出会いのストーリーは、20年ほど前。
アニエスは、その日に着ていたお洋服など
細かいディテールまで、よく覚えているそう。
小さなエピソードがひとつひとつ積み重なって
ふたりの恋とクリエーションは、生まれました。

バッグと靴のブランド「ルイゾン」のデザイナーのジャックと、販売をはじめブランドを支える全般の仕事を担当するアニエス。ふたりは、チャコールグレーに壁と床をペイントした、シックなカラーリングのアパルトマンで暮らしています。カーキグリーンの大きなソファーにベロアのクッションを置いて、あたたかい雰囲気に。そして壁や棚に、個性的なオブジェをバランスよくディスプレイ。このコレクションは、モントルイユののみの市で仕事をしていたことがある「本物のコレクター」のジャックが集めたもの。アニエスが大ファンというビートルズの写真も飾られています。

上：壁にかけた、ゆがみのある鏡はリビングの風景をいつもと違う雰囲気で見せてくれます。オープンシェルフの上には、ジャックが最近集めているきのこの模型を並べて。左下：解剖学で有名な「ドクター・オーズー」の模型や解剖図のカタログ。右下：ノルマンディで見つけた、30年代の家族のアルバム。

左上：「ドクター・オーズー」の植物の種の模型。右上：ヴァンヴののみの市で見つけた犬の絵画。スツールの上には、60年代のグッチのランプと、ジェオ・ルフェーヴル作のダックスフント像。左下：カルロ・モッリーノがデザインしたテーブルに、イームズとフランシス・ジュルダンのイスをあわせたダイニングコーナー。右下：壁には、フェルナン・レジェのリトグラフ。

左上：子どものころにひとめぼれした、アニエスのおばさんが描いた静物画。右上：お気に入りの本は、エルヴェ・ギベールとレミ・ドゥ・グールモンの著作。左下：美しく整理されたアニエスのクローゼット。ドアの内側には、大好きなビートルズの写真！右中：ジャックのお父さんが持っていたカウボーイのコスチューム。右下：中に入っている靴が分かるように、箱には写真を貼って。

中庭に面した大きな窓で、開放感のあるオフィス。シーズンを重ねるごとに増えてくる資料を収めるファイルやケースは黒で統一して、すっきりと。

左上：オフィスの窓辺に飾っているオブジェたちは、イマジネーションがふくらむアイデアの種になりそうなものばかり。右上：これまで手がけたコレクションのビジュアルや、インスピレーションソースのイメージをピンナップ。左下：クリニャンクールののみの市で見つけた大きな靴。右中：アニエスがコレクションしている古いキーホルダー。右下：レザーや縫い糸のカラーサンプル。

ルイゾン
LOUISON
20, rue Saint-Nicolas 75012 Paris

アニエスとジャックのコラボレーションから生まれる「ルイゾン」のエスプリ漂うブティックは、にぎやかなバスティーユ地区にあります。オリジナルのバッグやポーチのほかに、セレクト雑貨もいろいろ。カラフルで楽しいモチーフが使われたバッグは、コーディネートのアクセントになりそう！

右上：カセットテープやサングラスをモチーフにしたポーチ。なんともいえない表情をした犬の形のミニケースもキュート。中：シックな黒いファサードのブティック。左下：グリッター素材のポーチは、その名も「ピカ・ピカ」。右下：ガラスドームの中には1643年にパリで生まれた「シール・トゥルードン」のキャンドルと、「ルイゾン」のおまもりのアニマル型ミニケースをディスプレイ。

matali crasset et Francis Fichot

マタリ・クラセ&フランシス・フィショ

designer et directeur du studio matali crasset productions
「ステュディオ・マタリ・クラッセ・プロデュクション」デザイナー&ディレクター

オープンに自由に、自分たちらしい使い方と楽しみを

ポップでさわやかな色と、洗練されたフォルム。
しなやかな機能性、そしてだれもが親しみやすい
デザインを生み出す、マタリ・クラッセ。
スタジオの中心は、マタリとフランシス。
ふたりの住まいは、スタジオと完全につながった
自由に行き来できる、開放的な空間です。
子どもたちが学校から戻ってくると、
スタジオのみんなも、一緒におやつにしたり。
暮らしと創作が、スムーズに流れていきます。

古い印刷工場をモダンな住まいにリノベーションした建物が、デザイナーのマタリとディレクターのフランシスの住まい兼スタジオです。アレンジ自在の機能的な空間や家具が好きというふたりは、仕事とプライベートのスペースのあいだに仕切りを作らず、いつでも動かせる家具をレイアウト。家具や空間、グラフィックなど、さまざまな分野で活躍するマタリ。学生時代はマーケティングを専攻していた彼女が、デザインに目覚めたのは、フランシスの影響が大きいのだそう。いまでもプロジェクトの進行やスタジオ全体の管理をしてくれるフランシスが、心強いサポートになっています。

上：イタリアのブランド「バルッコ」のためにデザインしたランプのデッサン。左下：本棚の棚板のためのサンプルの数々。右下：棚のいちばん上の段には、思い出のオブジェをディスプレイ。ジャスティン・モランが描いてくれたマタリのポートレートや、マタリがデザインして商品化されたオブジェが並びます。

上：スタジオからダイニングとキッチンを眺めたところ。キッチン後ろの階段は、子ども部屋や寝室など、よりプライベートな空間につながっています。中：7歳になるアルトがロダン美術館に行ったあとに描いたデッサン。左下：移動も簡単なスーツケース型クッション「イー・ブッフ」は、ソファーになったりベッドになったり、組みあわせ次第で楽しめます。中下：フレデリック・e・ガッサール・エルメのレシピ本を収めるボックスは、マタリのデザイン。

上：子ども部屋のアルトのコーナー。脚の形がユニークなベッドとデスクは、ヴェルボーデ社で商品化されたもの。左下：ジェフリー・コットンソーとローマン・ルセによる動物をテーマにしたユニークな写真作品。グリーンのソファーは、ドモー・エ・ペレス社のためのデザインで、子どもが解体したり組み立てたりして遊ぶことができます。右下：ピアノの上には、エンツォ・マリのシルクスクリーンを飾って。

10歳のお姉ちゃんポプリーヌのベッドも、やはりママのデザイン。弟と一緒の部屋でも、自分だけの秘密基地のような空間を持つことができます。

左上：3階にあるベッドルームは、天窓から気持ちのいい光が降り注ぎます。右上：ミラノのギャラリーで発表したプロトタイプのランプ。右中：アメリカのアーティスト、ピーター・ハレーと一緒にパリで展示会をしたときに制作したスツールを、ベッドサイドテーブルに。左下：ポンピドゥーセンターのためにデザインした写真立て。右下：コレクションしているジョエ・コロンボのランプを並べて。

リュウ・コマン
Lieu Commun
5, rue des Filles du Calvaire 75003 Paris

マタリと、ファッションデザイナーのロン・オルブ、そして音楽レーベル「エフ・コム」が一緒に立ち上げた「リュウ・コマン」。さまざまな分野のクリエーターの世界観がミックスされた、ユニークなセレクトショップで、扱う商品も多種多様。クリエイティヴなエネルギーを感じる空間です。

右上：ギー・ドグレーヌ社の「シティ・ブランチセット」。中：水色とライムグリーンをベース色にしたブティックの内装は、もちろんマタリのデザイン。家具、雑貨、洋服、本、CDなど、幅広い商品がセレクトされています。展示会のほか、サイン会やコンサートなどのイベントを開くことも。左下：自宅でも愛用しているクッション「イー・ブッフ」のためにデザインしたイス。

Aurélie Dorard et Romuald Stivine

オレリー・ドラル＆ロミュアル・スティヴィヌ

créateurs de The Lazy Dog
「ザ・レイジー・ドッグ」クリエーター

グラフィックデザインのように、バランスよく

パリの有名なクラブ「ル・パレス」で
10代のころに出会ったオレリーとロミュアル。
すぐに仲よくなって、恋人どうしに。
いまでは、ふたりの男の子のパパとママ。
グラフィックデザイン好きたちが集まる本屋さん
「ザ・レイジー・ドッグ」をオープンして7年。
ふたりで一緒に仕事をすることは、刺激的。
よろこびもつらいことも分かちあって…、
まるで赤ちゃんを育てているかのようです。

グラフィックデザインをテーマにした本や雑誌をセレクトした本屋さん「ザ・レイジー・ドッグ」のオーナーのオレリーとロミュアル。やんちゃ盛りの男の子エリアスとイソールと一緒に、家族4人で暮らしています。アパルトマンは、お気に入りのグラフィックデザインと思い出のある古いオブジェがミックスした空間。グレーにペイントした壁を背景に、ふたりがコレクションしているデザイン作品がよく映えます。そして家具の中には、大工仕事が得意なロミュアル手づくりのものも。生まれた国や時期も異なる個性豊かなデザイン・オブジェたちが、バランスよく取り入れられています。

上:のみの市で見つけた美容室の看板が、インテリアのアクセント。イームズのロッキングチェアは、オレリーがはじめて買ったデザイン家具。左下:イスの上には「無印良品」と「キャス・キッドソン」のクッションを置いて。右下:サンホン・キムがデザインした「ナイキ」のポスターと、友だちのゴーリーが描いたドローイング。

左上：プリント入りテープは、「ザ・レイジー・ドッグ」で人気の商品。中上：オランダのアーティスト Parraの作品。左中：ムーミンの絵本は家族全員のお気に入りの1冊。インディアン・テントは、LA のアーティスト、スティーヴン・ハリントンの作。左下：創作のためのアイデアが詰まったオレリーの ノート。右下：オレリーのワークスペース。思い出の品を飾るための棚は、ロミュアルの手づくり。

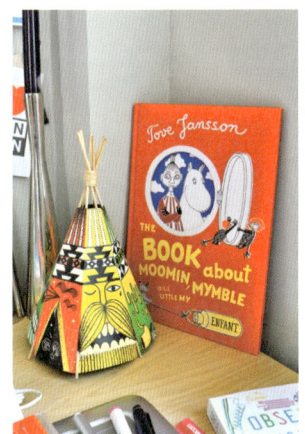

左上：ロミュアルお気に入りのドローイングは、コディ・ハドソンの作。そばにオレリーのふくろうを置いて。右上：ブロンディを描いた、Parraのドローイング。下：ピンク色のアームチェアは、オレリーのお母さんからのプレゼント。ゆらゆら揺れるスイング・チェアは、リラックスタイムに。

左上：木板にペイントされたインクボトルは、スイスのロウライダー・スタジオの作品。左中：「トトロを捕まえたの！」と笑いながら教えてくれたオレリー。右上：イスの上のバッグは、ウール・アンド・ザ・ギャングの作品。左下：ジェフ・マクフェトリッジは、ロミュアルの好きなアーティストのひとり。右下：水玉のヘルメットはオレリー用。もうひとつはホーネットがペイントしたスペシャルエディション。

左上：そのうちに家中の壁がフレームでおおわれてしまうかもしれないというほど、アーティストの作品がたくさん！右上：トルソーを、コート掛けがわりに。左中：いろいろな表情のキューピー人形たち。左下：「ミミ・ルー」のウォールステッカーで、かわいらしく。右下：「ザ・レイジー・ドッグ」で展示会をしたスティーヴン・ハリントンの作品を、子どものおもちゃコーナーにディスプレイ。

ザ・レイジー・ドッグ
The Lazy Dog
25, rue de Charonne 75011 Paris

グラフィックデザインを専門に、アートや音楽、ファッションに関する本や雑誌がずらり。そのほかにTシャツや文房具、フィギュアなど、楽しいデザインの雑貨も。ヒップホップ好きの高校生から、クリエーターとして活躍するプロまで、幅広いお客さんに愛される本屋さんです。

右上&中：世界中からセレクトされた印刷物や雑貨から、いまのストリートカルチャーを感じることができる店内。左下：Parraにデザインしてもらったお店のロゴマーク。右下：ショップバッグには、店名の由来になったパングラムをデザイン。パングラムとは、26個のアルファベットがすべて登場する文章のことで、書体の確認をするときなどに使われます。

37

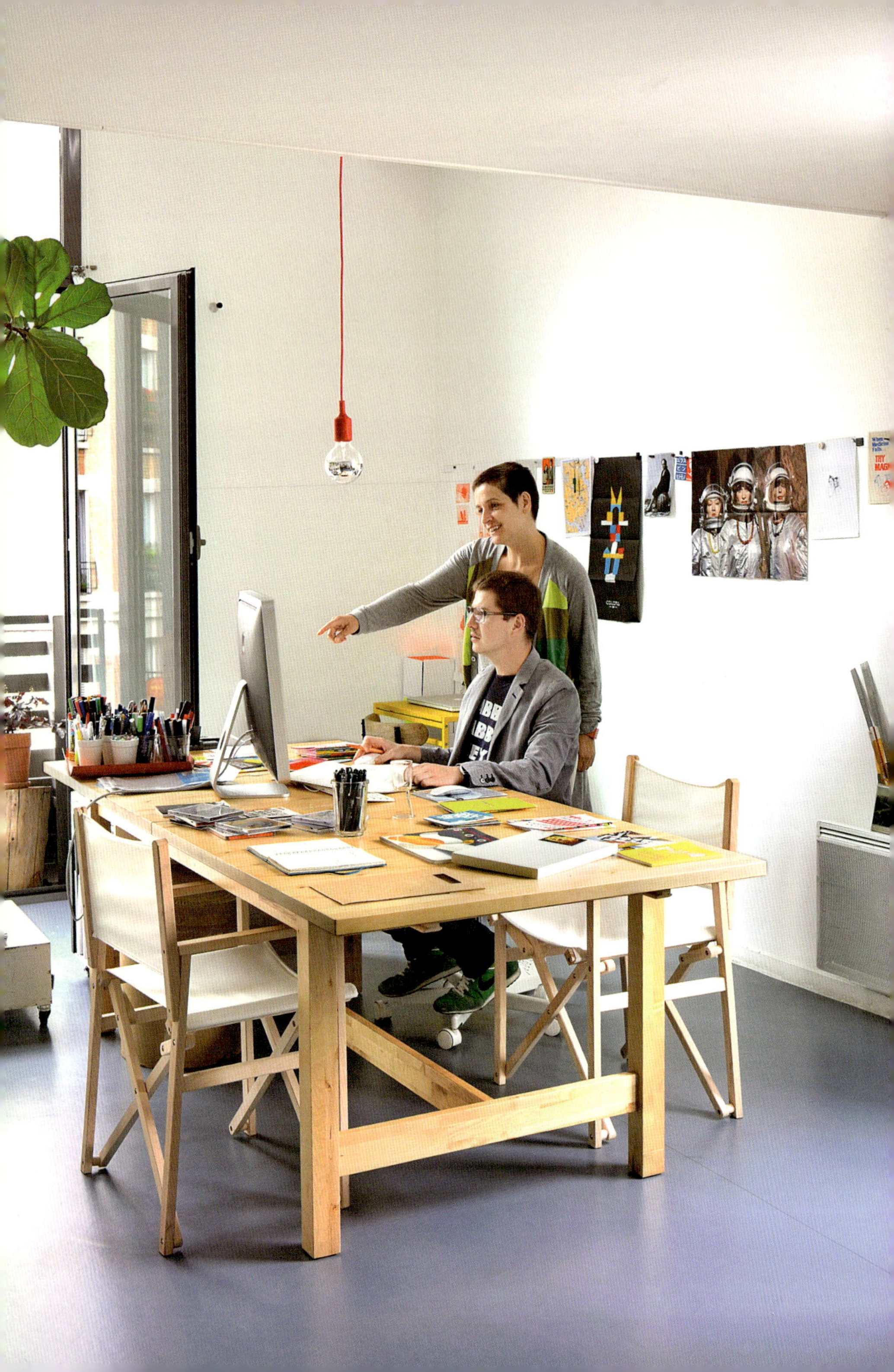

Annelise Cochet et David Valy

アヌリズ・コシェ&ダヴィッド・ヴァリィ

créateurs de Camping design, designers graphique
「キャンピング・デザイン」クリエーター、グラフィックデザイナー

ニコニコ笑いあいながら、楽しいアイデアたっぷりに

ミュージアムや学校などのカタログやポスター
ブランドやショップのロゴや印刷物を手がける
グラフィックデザイナーのアヌリズとダヴィッド。
ふたりが組む「キャンピング・デザイン」は
ヴィヴィッドな色と、ちょっとした意外性が魅力。
クリエーションでも、プライベートでも、
笑いを絶やさず、ユーモアをちりばめて。
いろいろなアイデアが、次々とわいてくる
楽しくて、チャーミングなカップルです。

ゴダールの映画『気狂いピエロ』のラストシーンで有名な14区のダゲール通り。アヌリズとダヴィッドの住まい兼アトリエは、パリ市に申請をして、6年後にようやく手に入れた空間。自由にリフォームしていいという許可もあったので、お互いにアイデアを出しあいました。グラフィックデザインの仕事は1日中デスクに向かっているので、気分転換のため、どの家具も滑車を付けて、すぐに動かせるように。またダイニングテーブルは脚の長さを変えてローテーブルとしても使えます。ふたりにとってインテリアはデザインと一緒、ひとつのイメージに固まらないこと、そしてゆとりを持つことが大切です。

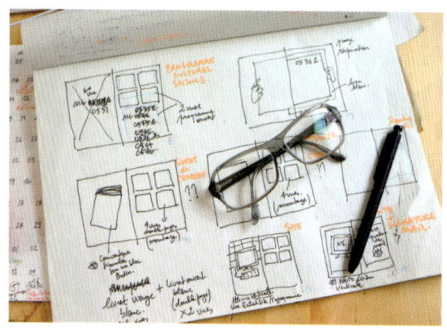

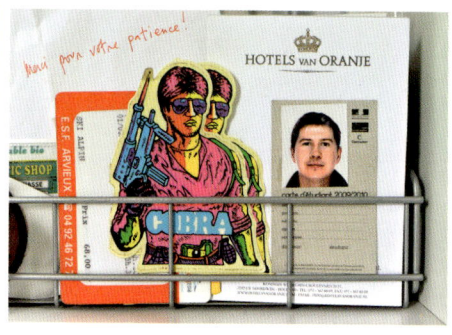

上：背の高い棚を使って、プライベートと仕事の空間を間仕切り。樺の木の天板が気に入ったデスクは「イケア」で。左下：デザイン・アイデアをスケッチしたノート。ダヴィッドのお気に入りの「アントラージュ・オブ・セブン」のめがねと、「ラミー」の2色ペン。右下：インドやオランダなど、旅の思い出たち。

左上：デスクの上にアイデアの光がさすようにと、「ムート」のE27ランプを吊るして。リラックスした空気をオフィスに運ぶ植物は、スーパーで購入したもの！太陽の光をたっぷり浴びて、いまではこんなに大きく成長しました。右中：デザインを手がけるコンテンポラリーアートのカタログ「トラム」。左下：南アルプスの村ケラスで作られる、素朴な木製のオブジェ。右下：ポンピドゥーセンターで開催された「ピクニック・プリックニック」のパフォーマンスの思い出。

41

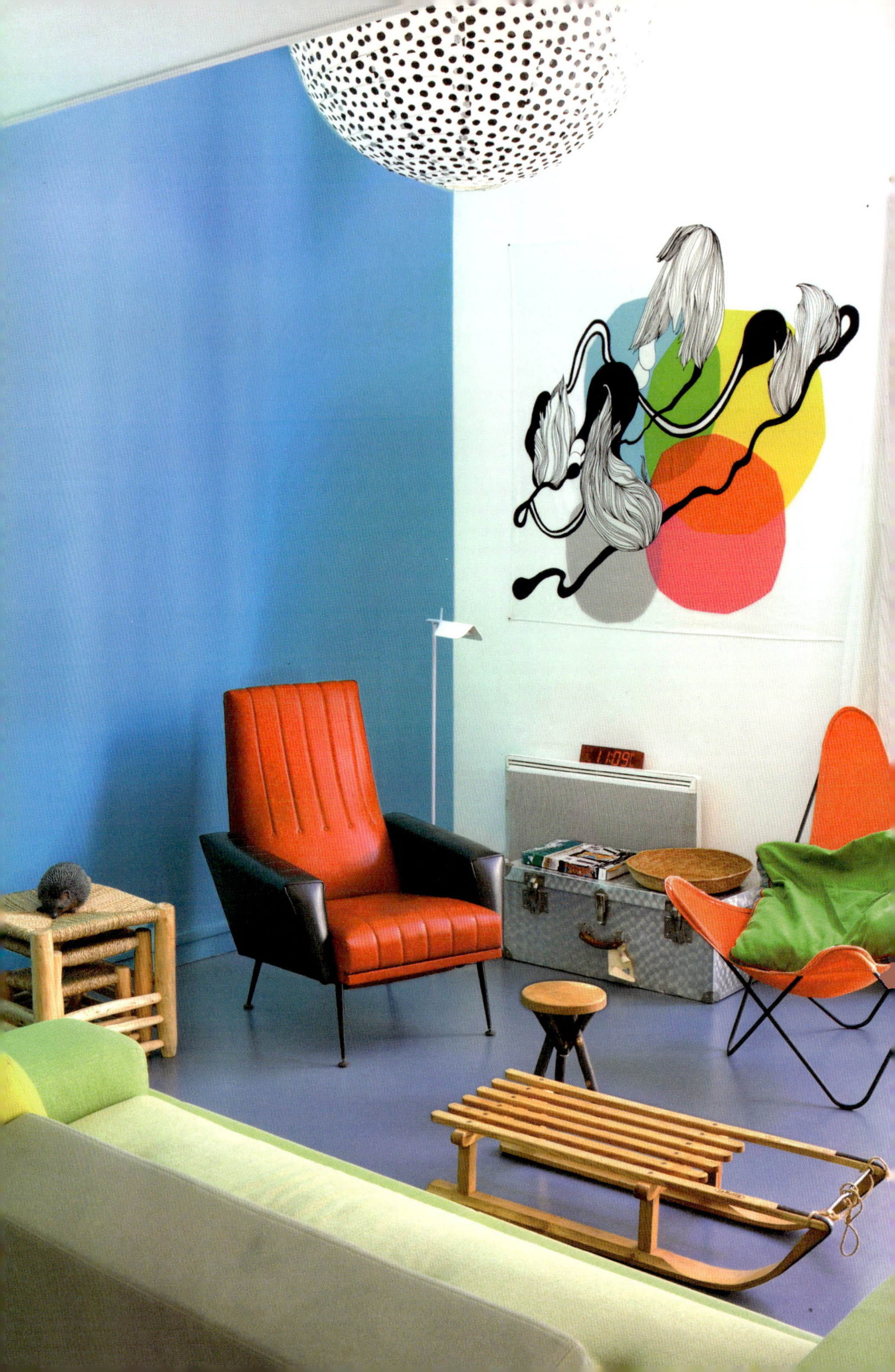

左上：黒い水玉模様のランプシェードは、大好きな草間彌生へのオマージュ。左中：ネットオークションで見つけた、古いランプ。右上：脚の長さを調節すると、ローテーブルに変身するダイニングテーブル。左下：チャリティショップで見つけた木製のそり。右下：通りに捨てられていたゴルファーのおもちゃ。左ページ：リビングの壁には、北欧から持ち帰った「マリメッコ」のテキスタイルを貼って。

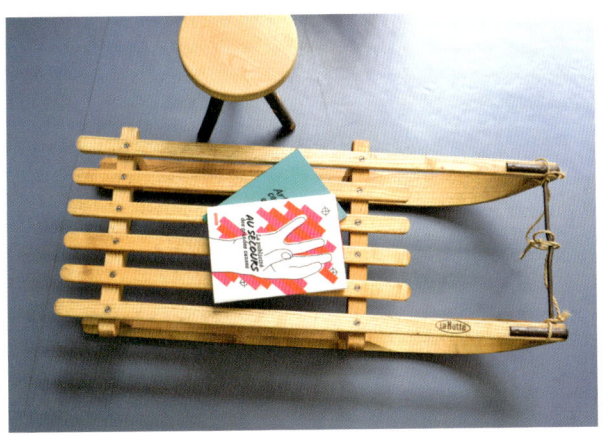

左上：寝室へとつながる階段のさりげないコーナーも、どこかグラフィカルな魅力が感じられます。右上：学生時代の友だちが描いた版画の前には、イスタンブールで見つけたナッツ割りとアーモンド。中右：色がきれいなローラースケート。左下：バスルームには、ピーター・ドイグの展示会のポスター。右下：棚に並ぶ洋服の色合いも、インテリアの一部のよう。水色のランプは、ブリュッセルののみの市で。

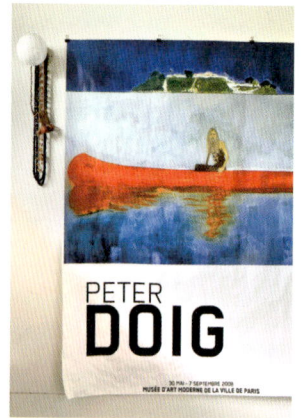

上：デンマークのフレンステッド社のモビールと、コレクションしている地球儀。中：ベッドルームの窓辺には、アヌリズが大切にしているサボテンたち。左下：「ハビタ」のランプの上に、近所のガレージセールで見つけたクマの人形をのせて。中下：エイドリアン・ガルデールがデザインしたウォールステッカーは、コンセントを立体的に見せるユニークなもの。右下：なつかしい思い出の写真をベッドのそばに。

Marie Montaud et Gilles Ballard

マリー・モントー＆ジル・バラール

créateurs de Médecine Douce
「メドゥシヌ・ドゥース」クリエーター

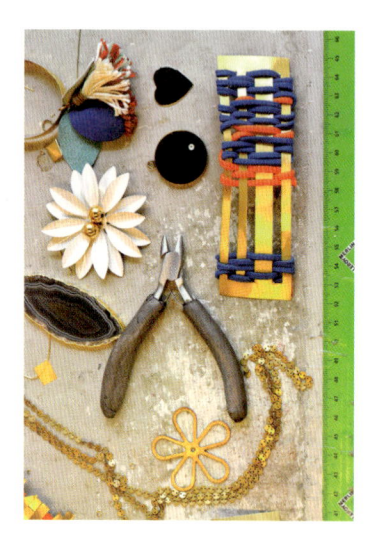

それぞれの個性をミックスして、新しい魅力がキラリ

ゴールドの細いチェーンに、ビーズやパール。
やわらかなレザーやコットン、羽根など、
さまざまな素材を組みあわせたアクセサリーたち。
マリーがデザインして、ジルがディレクションする
アクセサリーブランド「メドゥシヌ・ドゥース」の
創作の魅力は、そのミックス感覚にあります。
マリーとジル、ふたりのキャラクターも実は正反対。
けれども、その違いが、より親しく結びつけて
お互いを輝かせる、いつも一緒のパートナーです。

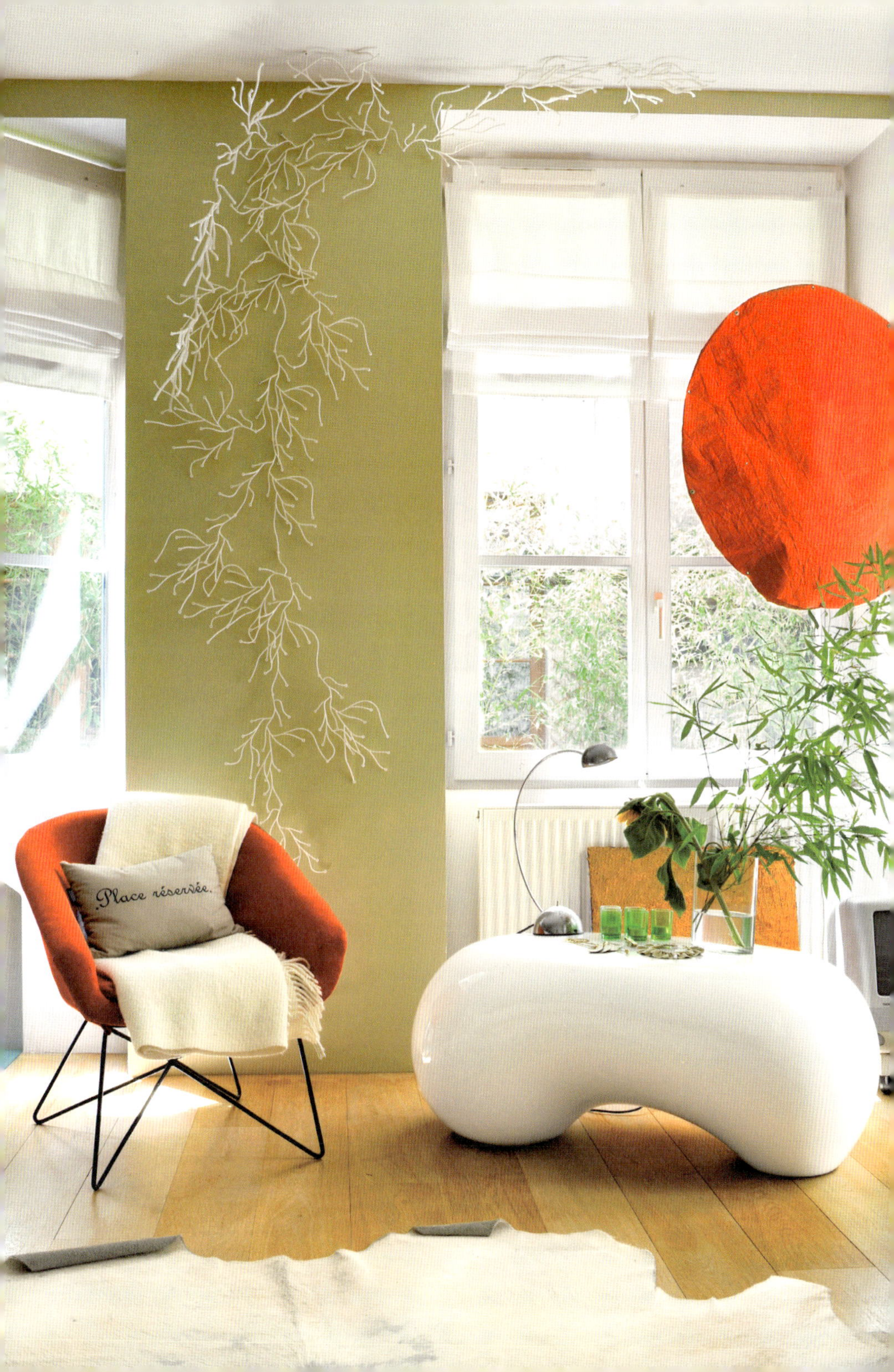
Place réservée.

「メドゥシヌ・ドゥース」のブティックから歩いていける距離にある、マリーとジルのアパルトマン。この建物はもともとドアベルを作る工場でした。当時の名残で窓がたくさんあるリビングルームには、太陽の光がたっぷりと入ってきます。その明るさに、ひとめぼれしたというふたり。キッチンとダイニング、リビングはひと続きになった、シンプルで開放的な間取りにしました。寄せ木木張りの床に白い壁をベースにしながら、壁の一部分や雑貨で色を加えてアクセントに。ソフトなカラーリングと、まるみを帯びたフォルムの家具を選んで、おだやかでリラックスできる空間を作り出しています。

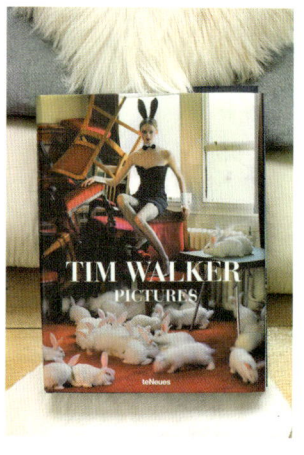

左：マリーとジルの後ろにあるポスターは、植物のラッピング紙の色が気に入って手づくりしたもの。「プチバン」の鳥型カイトと、黒いシールをコラージュしました。右上：娘のマルグリットの写真と、インドで作られたうさぎのおもちゃ。右下：お気に入りのフォトグラファー、ティム・ウォーカーの写真集。

左上：ジルが描いた作品の前に、セラミックの手型とキャンドルホルダーを並べて。左中：のみの市で見つけたエーロ・サーリネンのひじ掛けイスの上には「予約席」のメッセージ入りクッション。右上：マリー手づくりの魚のモビールが揺れるリビングは、まるで海の中のよう。左下：磁器でできた魚型ランプの前には、「メディシヌ・ドゥース」のブレスレット。右下：ラム革を使ったネックレスとブローチ。

左上：7歳になるマルグリットの部屋。本棚が階段になっていて、ロフトにあるベッドにあがるときに使います。**右上**：子ども部屋のデコレーションとしてマリーが針金で作った木に、鳥を止まらせて。**右中**：うさぎのスノードームは、友だちからの贈り物。**左下**：花器のそばには、コレクションしているセラミック・ボウル。**右下**：「メゾンジョルジェット」のバッグと、マレ地区のお店で見つけたクッション。

メドゥシヌ・ドゥース
Médecine Douce
10, rue de Marseille 75010 Paris

「メドゥシヌ・ドゥース」のブティックは、サン・マルタン運河のそば。明るく透明感があって、古いものも同居しながらコンテンポラリーな印象。家具をのみの市で探してきたり、壁紙やペンキの色を選んだり、建築家と一緒になって作ったという空間に、ふたりの世界観が表れています。

右上：2010年夏のコレクションのための試作品の数々。メキシコ風の色使いがテーマになっています。 左上：アンリ・マチスのつばめにインスパイアされて作ったペンダント。 左下：やわらかさを生むレザーなどの自然素材がお気に入り。 右下：まるでマリーとジルのような2羽のうさぎたちは、ショップのマスコット的存在。このショップは、ふたりにとってからだの一部のように大切な場所です。

Agnès Cambus et Manuel Bonnemazou

アニエス・カンブス&マニュエル・ボンヌマズー

designers et architectes d'intérieur de l'Agence Element-s
「アジャンス・エレメント=エス」デザイナー&インテリアデザイナー

お日さまの光や青い海、愛するものたちに囲まれて

インテリアや空間、オブジェなどを手がける
デザイン事務所を立ち上げたアニエスとマニュエル。
ふたりにとって、なにより楽しいプロジェクトは
仲のいい友だちの家を、リフォームすること。
自分たちのアパルトマンは、時間がなくて
なかなか新しく手をかけられないけれど
引っ越してきたときに、すべてをリフォーム。
南仏生まれで、太陽や海を愛するアニエスのため
リビングは地中海を感じさせる、ヴァカンスの気分に。

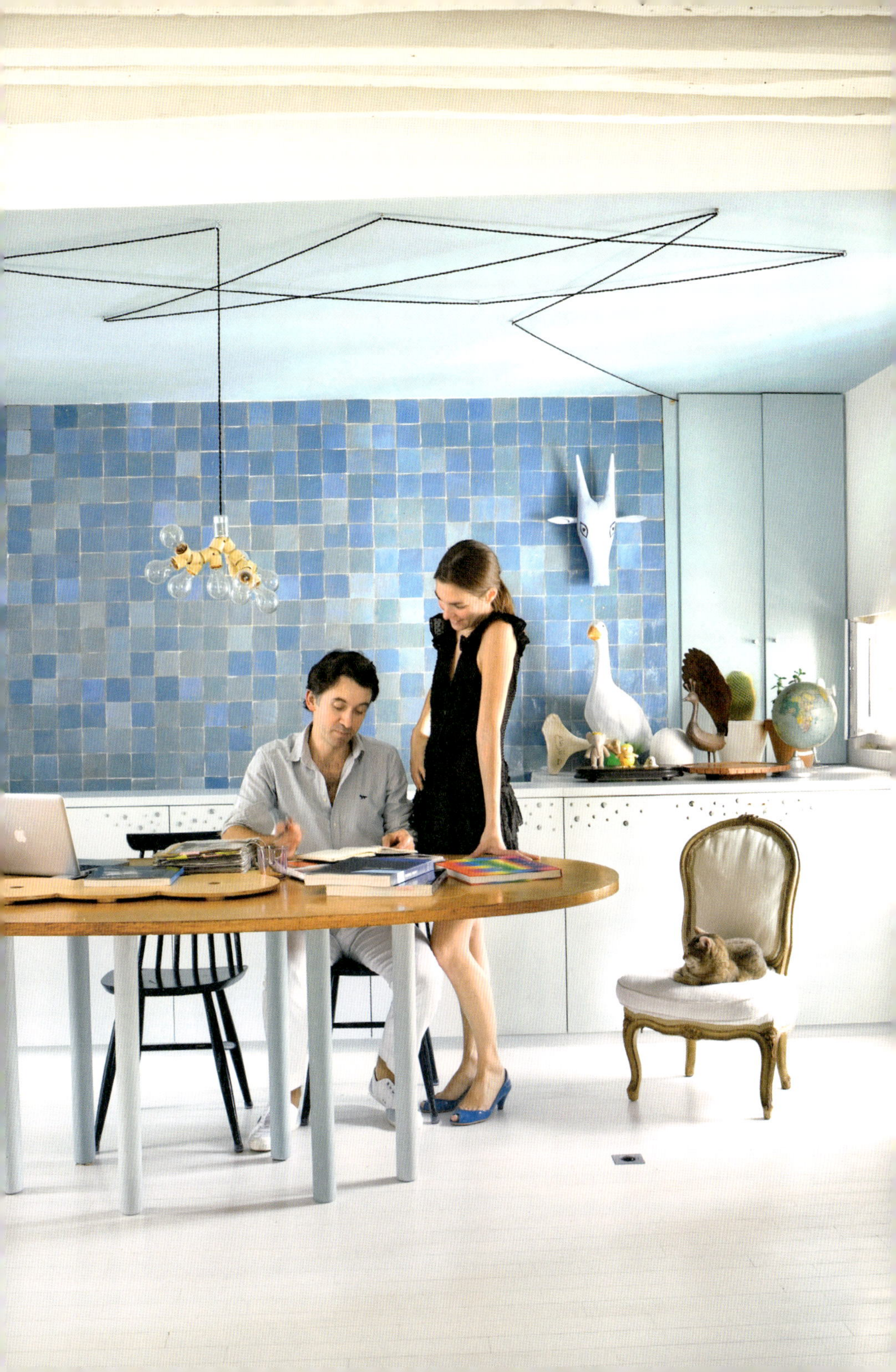

カップルで仕事をすることについて「愛する人といつも一緒にいられて、とてもしあわせ！」というアニエスとマニュエル。息子のヘクトールと娘のイリスと一緒に家族4人で、10区にある19世紀築の建物に暮らしています。最初にこの部屋に入ったとき、床はゆがみ、壁もぼろぼろでびっくりしたというふたり。リフォームにあたって、すべてをバラバラに解体したときには、なんだかロマンチックな気分にさえなったそう。イリスが生まれたときに、上のフロアにオフィスを構え、下のフロアを住まいに変更。メゾネット・スタイルにして、仕事と家族の時間を上手に使い分けています。

左：暖炉の上に大きな鏡を置いて、部屋を広々と見せています。右上：ニューヨークに行ったときに見つけた2ツロのソケットを使って作ったランプ。右下：友だちのために、18世紀に建てられた家をリフォームしたときに、以前の持ち主が残していった陶器の犬を譲ってもらいました。

左上：マニュエルのお父さんが描いた絵、浮世絵コレクション、アニエスが育った村ののみの市で見つけたマリアさまの絵など、思い出の作品を集めたコーナー。**左中**：フランスのブランド「マージュ」の新しいブティックの内装のためのクロッキー。**左下**：「セントゥーギャラリー」で見つけたクッション。
右下：パリ市のゴミ箱や宿泊施設の受付ホールなど、新しいデザインのアイデアが生まれるオフィス。

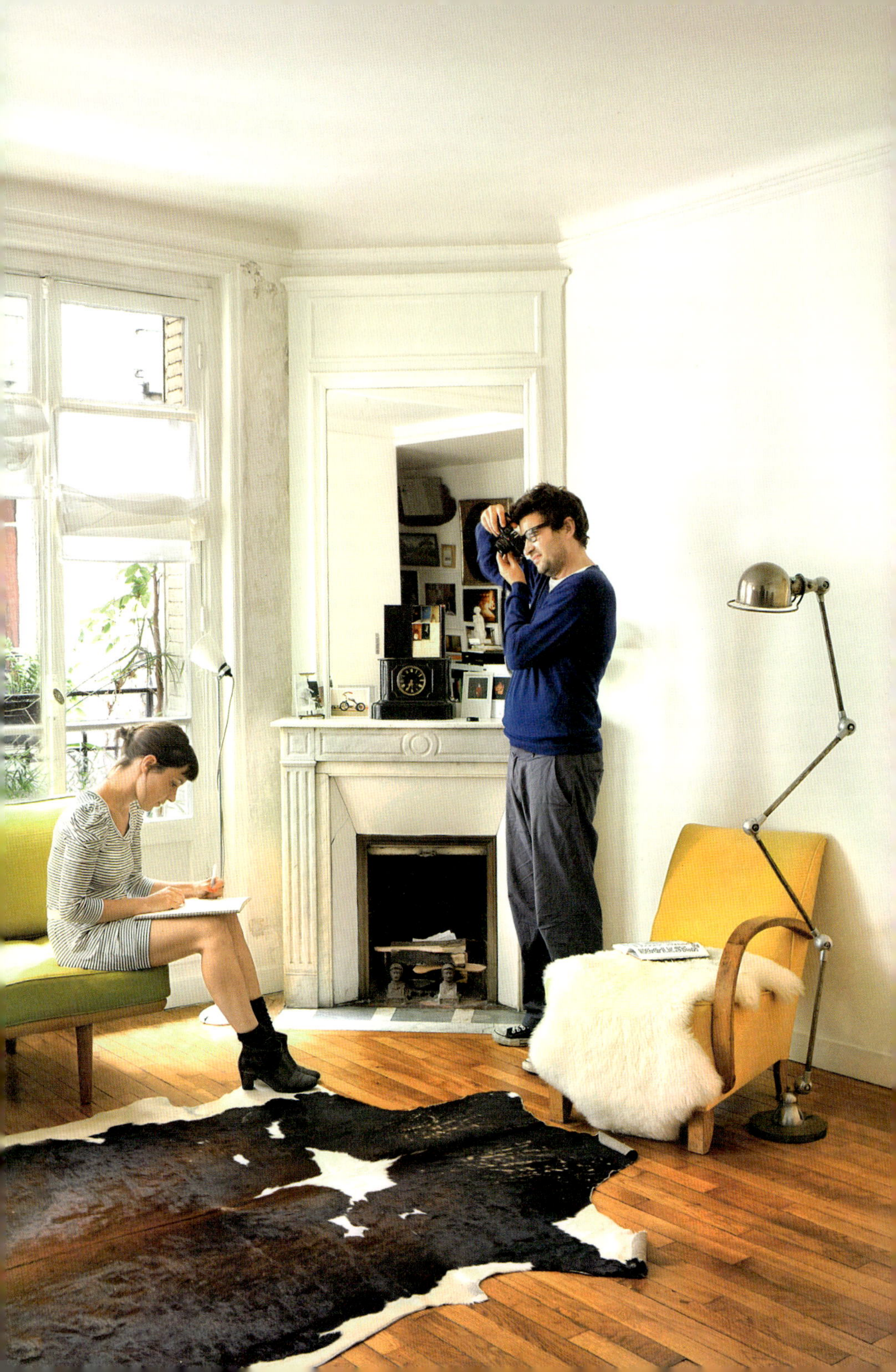

Caroline et Julien Magre

キャロリーヌ＆ジュリアン・マグル

graphiste de whitepapierstudio et photographe
「ホワイトパピエステュディオ」グラフィックデザイナー＆フォトグラファー

カップルとしてユニットとして、物語はいつまでも

パリのアートスクールENSADで出会ったふたり。
写真に興味を持っていた、ジュリアンは
インスピレーションを与えてくれるミューズ
キャロリーヌの姿を、自然と撮影するように。
もちろん、いまでは娘のルイーズとスザンヌも被写体。
なにげない家族の日常がとらえられた写真は
1冊にまとめられて、写真集として出版されました。
『キャロリーヌ・ヒストワール・ニュメロ2』は
ふたりの愛がたっぷり詰まったアルバムです。

グラフィックデザイナーのキャロリーヌと、フォトグラファーのジュリアン。キャロリーヌが立ち上げた「ホワイトパピエステュディオ」では、本やカタログのデザインを一緒に手がけることも。ふたりの住まい兼オフィスは、14区ダゲール通りのすぐ近く。昔ながらの職人さんによるお店がいまも見られるカルチエです。建築当時の外観を守っているパリの建物は歴史を感じさせるけれど、その内側にモダンな暮らしがあるところがおもしろいというジュリアン。家族が暮らす1930年代築のアパルトマンも、自分たちのライフスタイルにあうようにと間取りから手を加えました。

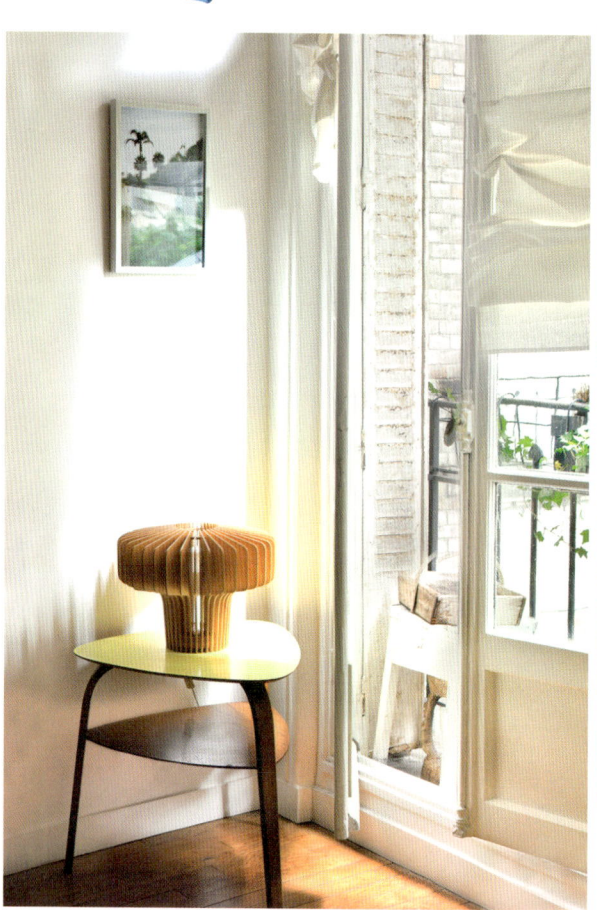

左：のみの市で手に入れたテーブルの上には、「ハビタ」のランプ。壁のフレームには、パリのギャラリーで展示会をしたジュリアンの写真を飾って。右上：学生時代からの仲なので、インテリアでも自然と好みが似ているというふたり。右下：卒業論文のために描いた作品が詰まったジュリアンのデッサン帳。

左上：6歳になるルイーズの写真アルバム。赤い表紙の本は、ジュリアンがキャロリーヌを撮影した初期の作品をまとめたカタログ。右上：壁に展示会のポスターや企業のロゴマークなど、リサーチした資料をコラージュして。下：ワークスペースの家具は、家族や友だちに譲り受けたものばかり。

Cécile Daladier et Nicolas Soulier

セシル・ダラディエ＆ニコラ・スリエ

créateurs de Assaï
「アサイ」クリエーター

自然とアートと、やさしいハミングが包む暮らし

街や建物に、植物は欠かせないもの。
自然と人々の暮らしを結びつけたいという
セシルとニコラによるユニット「アサイ」は
植物をテーマにした作品を発表しています。
ふたりが手がけるのは、庭のデザイン
そして自然を身近にするガーデン・オブジェ。
ガーデニングは、自由でシンプルなもの、
ただ季節に導かれながら、楽しんで。
みんなにその魅力を伝えたいと願っています。

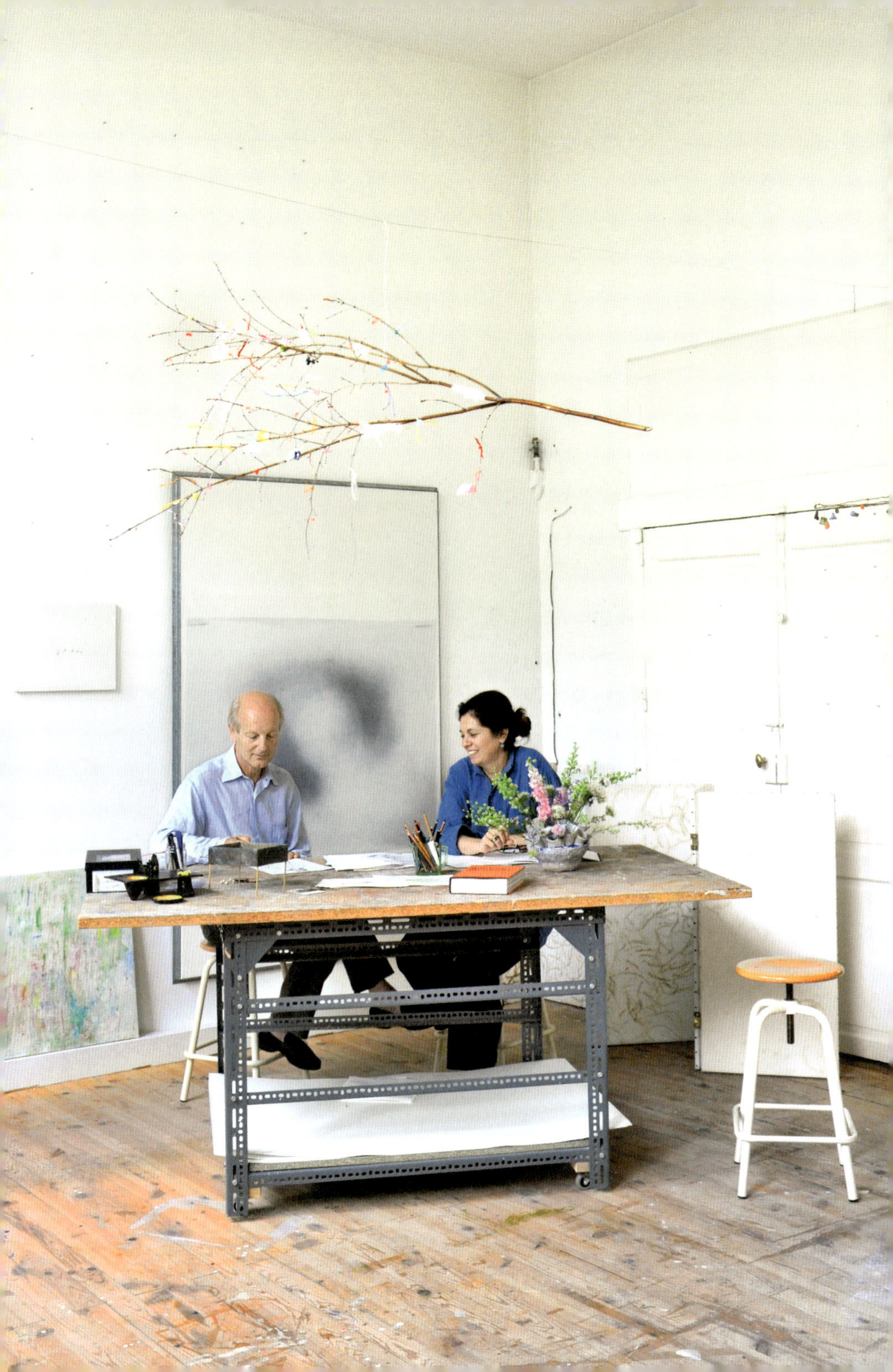

「いま庭で植物の世話をしていたの」と、泥だらけの手で迎えてくれたセシルとニコラ。ふたりの住まい兼アトリエは、さまざまな種類の植物たちに囲まれて、さわやかな空気に包まれています。以前はアーティストのアトリエとして使われていた建物で、その昔はパリ滞在中のアメリカの彫刻家カルダーが暮らしていたことも。自分たちですべてリフォームしたという空間は、建築家として活躍していたニコラのアイデアが活かされています。子どもたちが独立したとき、アトリエの場所を変えることになったとき、そんな将来の変化にともなって、いつでもアレンジできるように工夫しています。

左：緑に囲まれた、セシルとニコラの家の玄関。壁には「アサイ」の作品、ガーデンミラーをたくさんかけて。右上：アルミニウム素材の赤いガーデンミラーは、50個限定で手がけたもの。
右下：三本脚のセラミックの花器と、そのアイデアのもととなったデッサン。

左上：お庭づくりのアイデアが詰まったノート。右上：「アサイ」で手がけたセラミックと布ボールのモビール。左中：植物や自然をモチーフに、アートと社会学のあいだを進むという、ユニークな活動を続けるふたり。左下：個性豊かなデザインの小さなお皿もすべて、このアトリエで制作。右下：さまざまな作品が集められたアトリエの一角は、インスタレーションのよう。

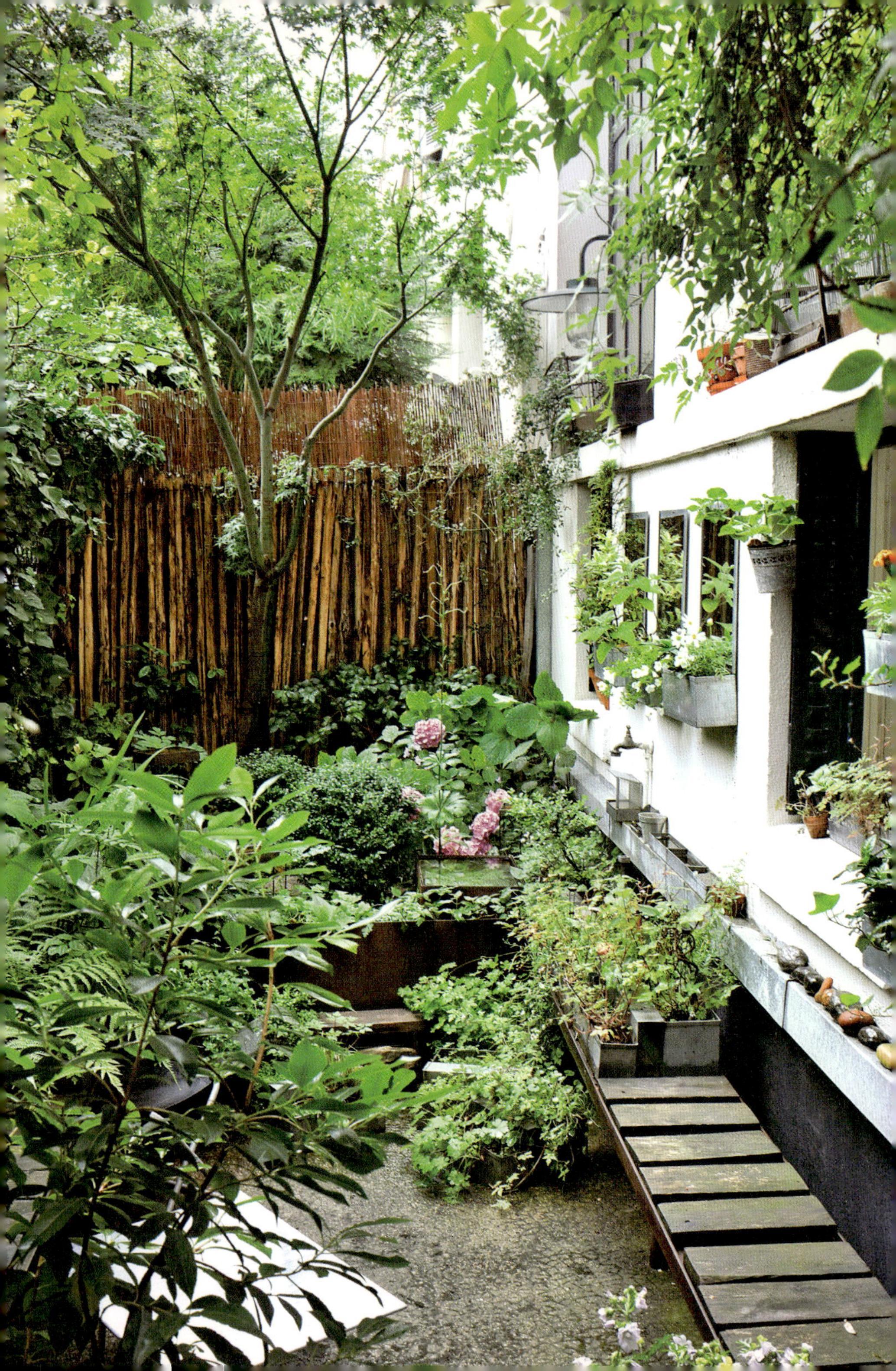

上:リビングのテーブルは「アサイ」の作品「キャプチュール」。本棚の上には、コレクションしているミニチュア・ピアノがずらり。左下:階段の手すりにかけたテキスタイルはスイスで作られたもの。ガーランドは、アメリカのニカ・フェルドマンの作品。右中:デンマークのクリスチャン・ヴェデルの鳥のオブジェと、パリのアーティスト、ナタリー・レテのポストカード。右下:セシルが描いた絵と、娘のローラの写真。

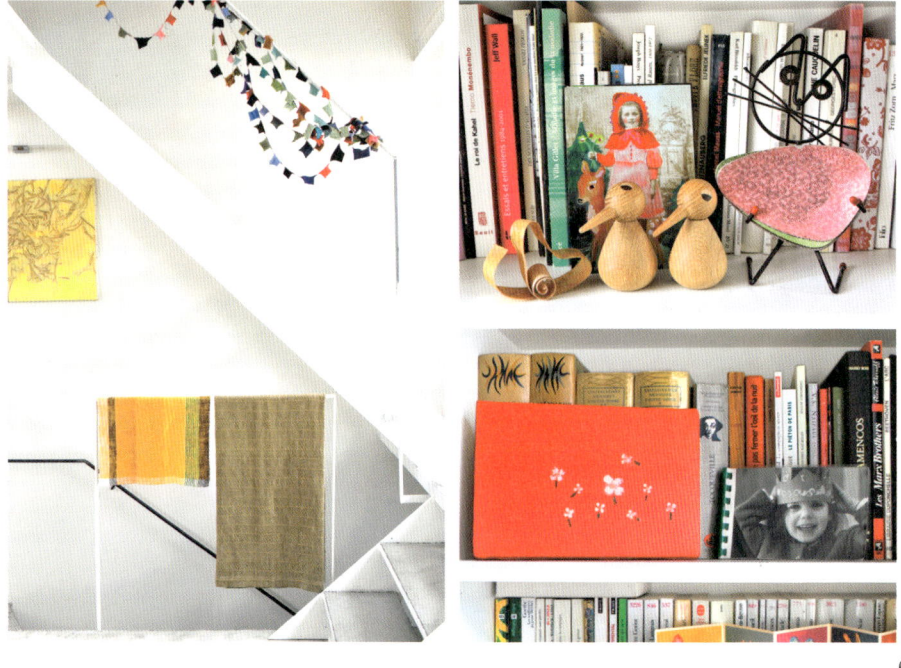

上：リビングとつながるオープンキッチン。大きなダイニングテーブルの天板はコンクリート製。都会でも植物が育つシンボルとして、まん中にあけた穴から植物が顔を出すというデザイン。左下：庭に面した食品のストック棚。普段使いの食器も自分たちで作ったもの。右下：ガーデンミラーは室内にも。

左上：19世紀の職人の技に魅せられた紙の扇。右上：バスルームには、オランダから来た植物たち。左中：子どもたちが作った花瓶に、手づくりの風車を飾って。石けんはコルシカ島のもの。左下：セシルのおばあちゃんから譲り受けた子ども用のイスに、ニコラの家族からもらったルーマニアの古いクッションを置いて。右下：3階にある寝室は、カラフルなクッションが楽しい空間。

Alix Thomsen et Lionel Bensemoun

アリックス・トムセン&リオネル・ベンスモン

créateurs de Thomsen
「トムセン」クリエーター

ふたりで作りあげたシックなリラックス・スタイル

映画公開の前夜祭パーティで知りあったふたり。
「ワオ！このきれいな女の子はだれ？」と
話しかけたことを覚えているというリオネル。
ひとめぼれから恋に落ちて、結婚したふたりは
一緒に洋服のブランドも立ち上げることに。
シャツ好きのリオネル。そしてアリックスも
そのリラックスした着こなしがお気に入り。
ふたりの好きなものからインスパイアされて
「トムセン」のシャツ・コレクションは生まれました。

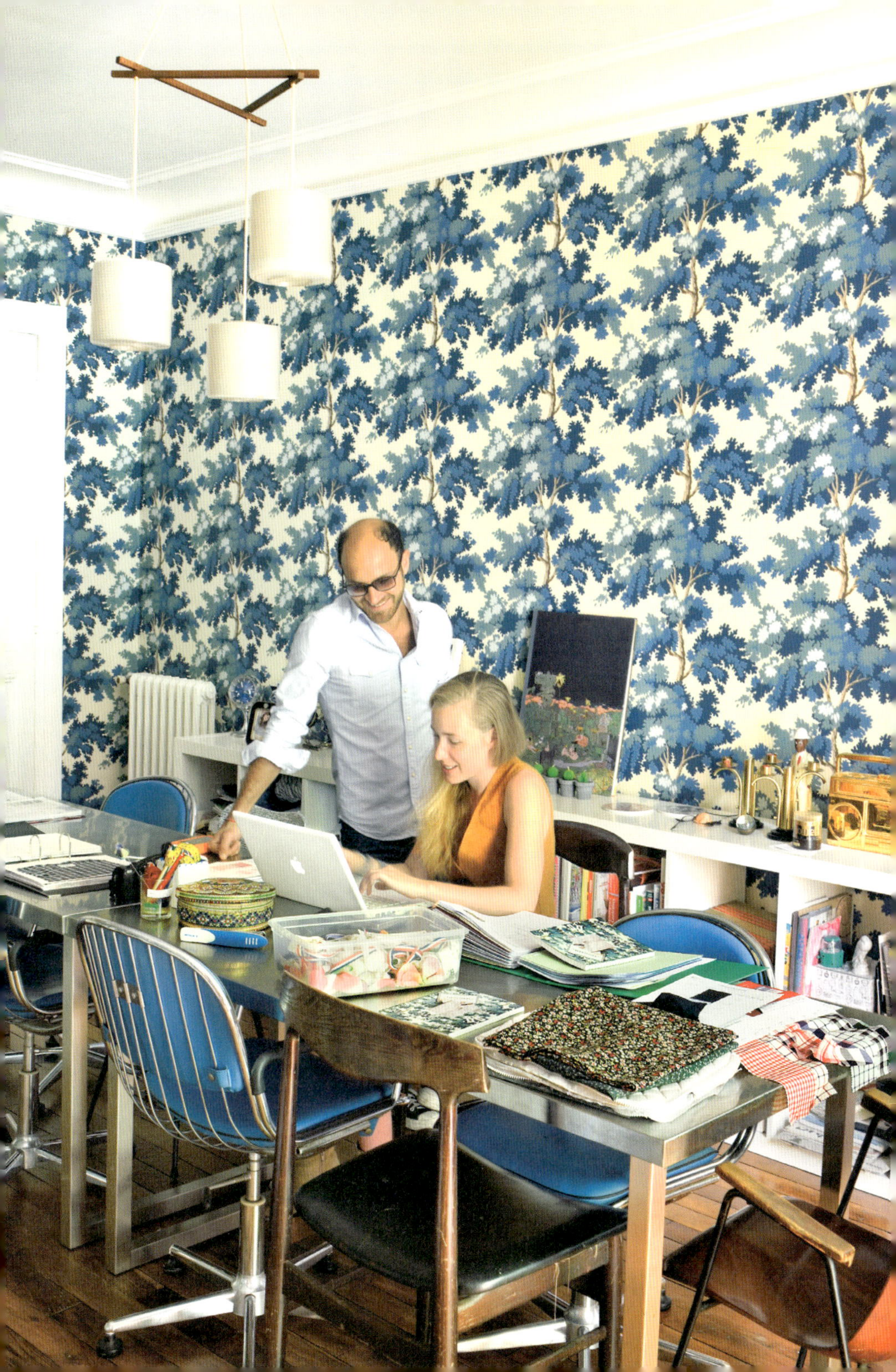

ふたりが出会ったとき、アリックスはあるブランドで洋服のデザインを手がけていて、リオネルは、クラブやイベントなどのプロデュースをしていました。リオネルから、自分を信じること、行動すること、楽しく軽やかに仕事することを学んだというアリックス。ふたりの出会いがスタートボタンになって、自分たちのブランド「トムセン」を立ち上げることができました。9区にある、ふたりが暮らすアパルトマンの中は、ふたつの個性と世界観がミックスした空間。のみの市で見つけたヴィンテージの家具とともに、リオネルが集めたロボットなどキッチュな雑貨も仲よく並びます。

左：スカンジナヴィア風の青い花柄の壁紙は、さまざまな壁紙が揃う「オー・フィル・デ・クルール」で。右上：シャツの下は、2010/11年の秋冬コレクションで使ったテキスタイルの見本帳。右下：アクセサリーデザイナーのヤズブキーからもらったフィギュアと、アリックスのお父さんと親友の写真。

左上:仲間たちとの輪を大切にしている「トムセン」は、大きな家族のようだと語ってくれたふたり。左中:ルックブックの表紙は、アトリエの壁紙を背景に。右上:リビングのご自慢は、イギリスの伝統的なスタイルを持つチェスターフィールド・ソファー。左下:リオネルがコレクションしているロボットたち。右下:ヴィンテージのキューブ型フォトフレームの中に、思い出の写真を入れて。

左上：リオネルのお母さんが、赤ちゃんの誕生をお祝いしてプレゼントしてくれた犬のぬいぐるみ。右上：のみの市で見つけた、50年代のタペストリー。左下：このアパルトマンは、もともと縫製のアトリエとして使われていた場所。残されていた道具入れを洋服ダンスに。右中：ベッドサイドに置いた不思議な形のランプが、夢の世界へ導いてくれます。右下：東京から持ち帰った、「ミスターP」のランプ。

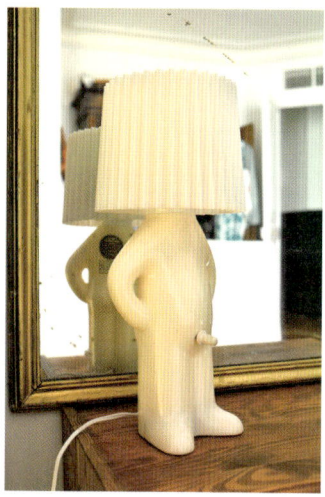

ふたりのベッドルームは、フランスのクラシックなスタイルに
ポップなデザインやカラーを取り入れた楽しいインテリア。

上：子ども部屋は、明るい光が差しこむ窓辺に置いたベッドが気持ちよさそう。娘のブランシュの名前の由来は「白雪姫」から。飾り棚にはお気に入りのおもちゃや、ふたりが大事にしているコレクションを並べて。左下：のみの市で見つけた小さな絵。右下：家族写真とヴィンテージのオブジェをディスプレイ。

74

トムセン
Thomsen
98, rue de Turenne 75003 Paris

話題のブティックが多く集まる北マレ地区にある「トムセン」。個性的なインテリアの中、クラシックな定番スタイルに、流行のディテールを取り入れたコレクションが並びます。シーズンのテーマにあわせてデザインされたオリジナルのプリント生地を使ったアイテムが人気です。

右上：2010/11年の秋冬コレクションの写真。左上：ルックブックの表紙と、イメージフォトを使ったミニボックス。左下：黒いラッカー塗りの壁面に映える、赤いパイプを洋服ラックに。シャツのほか、ジャケット、チュニック、ルームウェアなども揃います。右下：どこかなつかしい赤いチェックのシャツワンピース。花柄のカーペットは、職人さんにヴィンテージの糸を使って織ってもらったオリジナル。

Florence Loewy et Emmanuel Hervé

フローランス・ロエウイ＆エマニュエル・エルヴェ

créateurs de la Librairie Florence Loewy
「リブレリー・フローランス・ロエウイ」クリエーター

コンテンポラリーアートと本の素敵なマリアージュ

挿し絵入りの書籍を専門に扱うお父さんの
本屋さんで経験を積んできた、フローランス。
はじめて、自分のお店を持ったときに
このアートブックショップにやってきたのが
当時まだ、ボザールの学生だったエマニュエル。
アートと本への情熱が、ふたりのキューピッド。
本は、その作者のアート作品と同じ。
ふたりが選ぶ本は、どれもリスペクトする
アーティストが手がけたものばかりです。

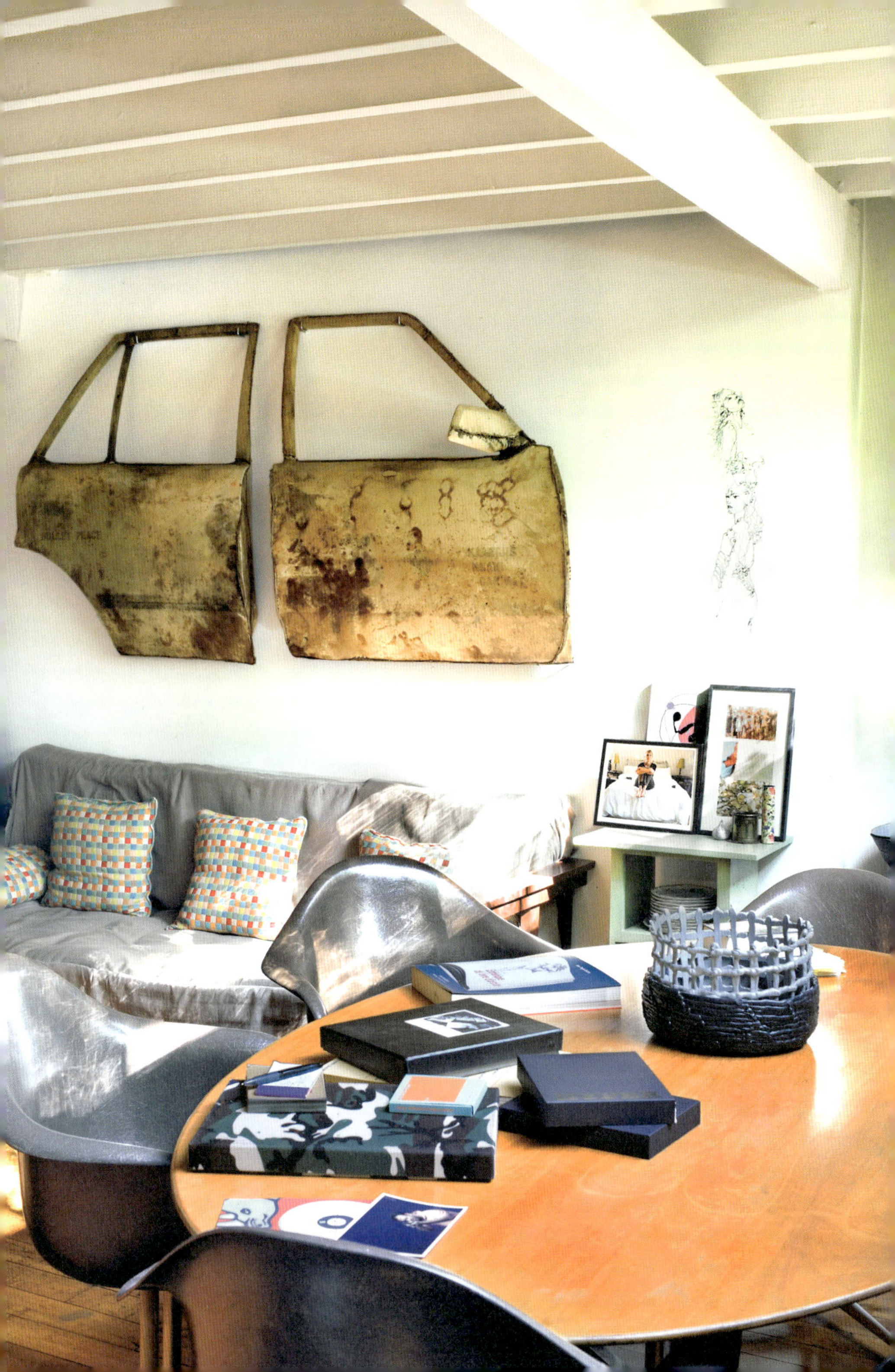

フローランスとエマニュエルの住まいは、フローランスが生まれ育った家。家族の歴史と愛情を感じる、居心地のいい巣のような空間です。実は、この家の向かいには、エマニュエルのお父さんが働いていた事務所がありました。もしかしたら子どものころ、一緒に遊んでいたかもしれないと、ふたりともびっくりしたのだそう。通りに面して大きなガラス窓が取られた明るいリビングは、ふたりのオフィスも兼ねた空間。エマニュエルが使っている机は、フローランスのお父さんが愛用していたもの。エマニュエルが集めたアート作品があちこちに飾られていて、ギャラリーのような空間です。

上：リビングに飾られた車のドアは、アフリカン・アートを扱う友だちと、コレクション交換をして手に入れた南アフリカのガヴィン・ヨングによる作品。左下：エマニュエルが描いた絵と、イザベル・エメルディンガールの写真。右下：エマニュエルが経営する出版社「アリス・トラベル」から出版した写真集。

左上：自分たちのコレクションが増えてきたので、今度は他の人たちに見てもらって、インスピレーションを感じてほしいというふたり。左中：フローランスがひとめぼれした、日本人写真家アサコ・ナラハシの作品。右上：リビングの一角には、大判の絵画が重ねられたままに。右下：フランスのコミック、バンデシネを集めた本棚。右下：はく製屋さん「クロード・ナチュール」で見つけたタイの鳥。

左上：ブラジルのボロロ族の手によるイヤリング。右上：ライムグリーンのチェストの上には、韓国の筆、白鳥の骨格標本、ブラジルのアクセサリー、チベットのサンダルなど、エキゾチックなオブジェが並びます。下：ベッドのそばも、アーティスティックな雰囲気。白い彫刻はエルザ・サハルの作品。

リブレリー・フローレンス・ロエウイ
Librairie Florence Loewy
9, rue de Thorigny 75003 Paris

ピカソ美術館近く、マレ地区の中心にある「リブレリー・フローランス・ロエウイ」。アーティストの手による作品のような本を中心に、1940年代以降のアートブック、そして自伝などが揃います。アーティストの展示会が行われるギャラリースペースでは、新しい芸術と出会えます。

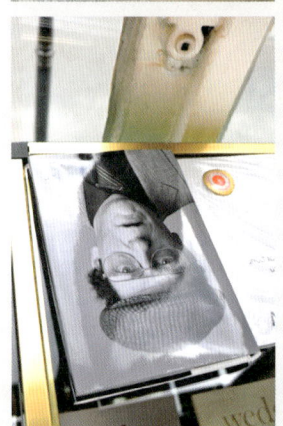

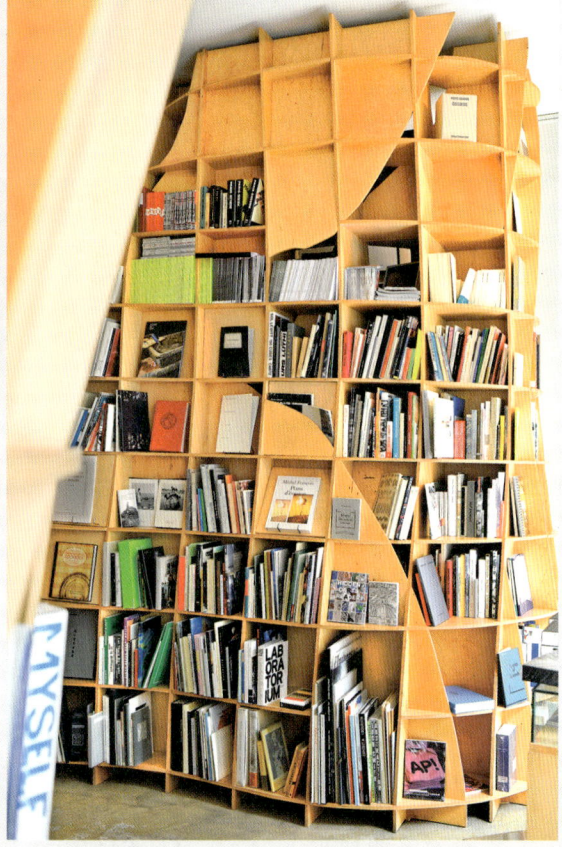

右上：ストラスブルグ市の現代近代美術館で行われたギヨーム・パリの展示会のカタログ。左上：2006年にギャラリーで展示会をしたカナダ人アーティスト、ジェームズ・カールのTシャツ。左下：ベルギー出身のアーティストで演出＆振付家のヤン・ファーブルの本。右下：建築を学ぶ人たちも見学に来るという、オリジナルの本棚は2人組の建築家ヤコブ＆マックファルラーヌのデザイン。

Noriko Shiojiri et Durgué Laigret

ノリコ・シオジリ＆ドゥルゲ・レグレ

créateurs de ie
「イエ」クリエーター

街や人、オブジェとの出会いが詰まった宝箱

ノリコとドゥルゲが立ち上げたショップ「イエ」。
ふたりの冒険は、インドからバングラデシュまで
すばらしい手仕事をする職人さんたちを訪ねる
4か月におよぶ、宝物探しの旅からはじまりました。
デリーで、素敵な子ども服を作る職人さんと出会い
いまではノリコがデザインしたプリント布地で
オリジナルの洋服を作ってもらっています。
肌触りのよいコットンに、楽しいモチーフは
いくつもの出会いから生まれてきたものです。

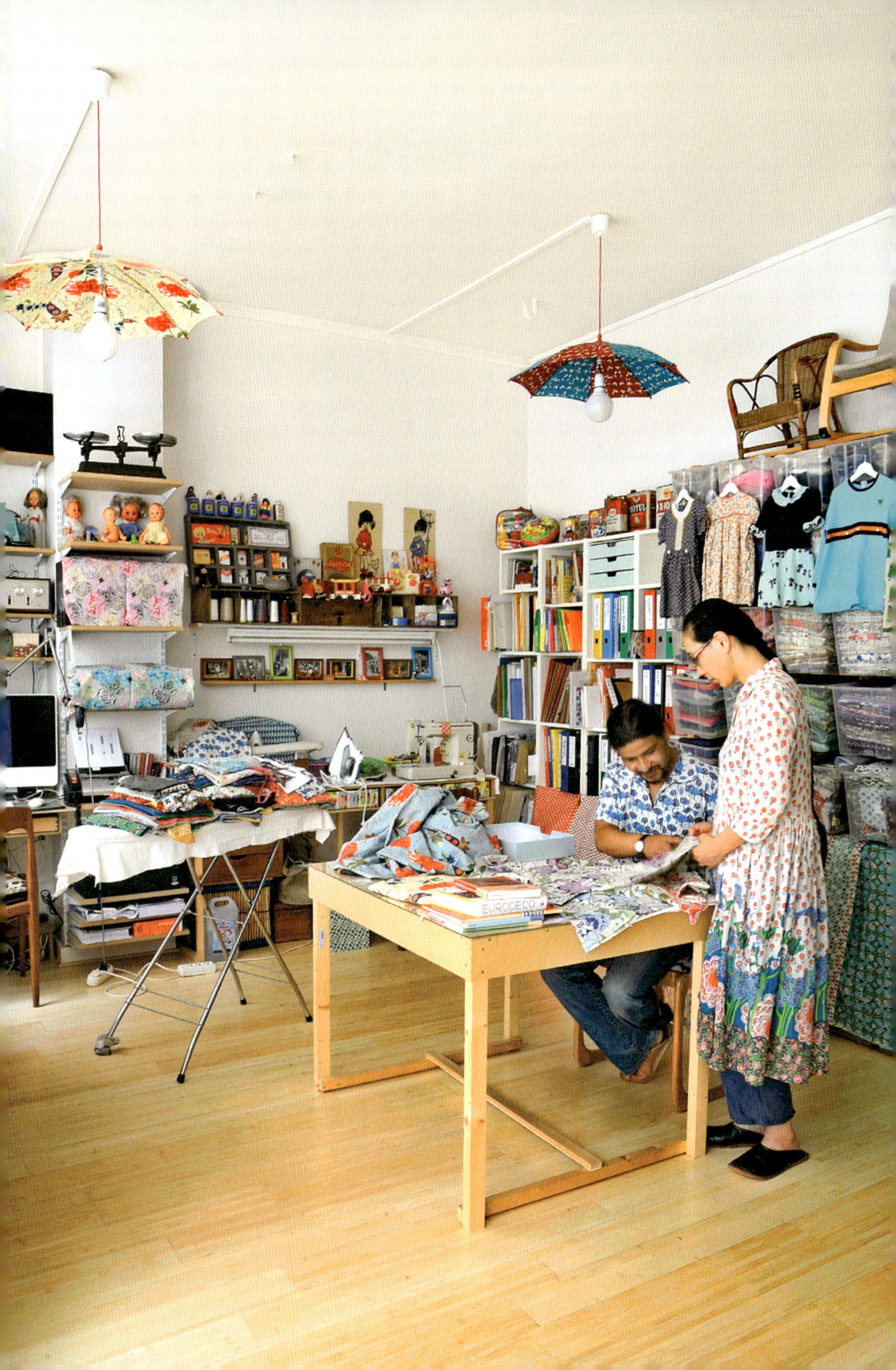
EURODECO

友だちの紹介で出会ったというノリコとドゥルゲは、たちまち意気投合。ビビッとインスピレーションがわいて、一緒に仕事をしたいとすぐに思ったのだそう。洋服デザイナーのノリコと建築家のドゥルゲが、それぞれの分野をいかせるようにと、マレ地区にショップ「イエ」をオープンさせました。ふたりが暮らすアパルトマンは、20区にあります。以前はショップだった空間で、床や天井の張り替えなど3か月かけて、自分たちでリフォームしました。デコレーションも自分たちの好きなものを使いながら楽しんで。日本とネパール、ふたりのルーツの文化をミックスさせた楽しい空間です。

左：洋服のパターンをひくためのテーブル。蛍光灯をカバーする細長い形のシェードは、ふたりの手づくり。右上：オリジナルのファブリックを子ども用傘の骨に貼って、ランプシェードに。右下：布地のサンプルと、プリントの原画。いまでも原画はすべてノリコが手描きで仕上げています。

左中：2011年の春夏コレクションのためのサンプル。右上：シューズボックスの上にクッションを並べて、ミニベンチに。電話をかけるときや、ご近所さんとおしゃべりするときに便利なコーナー。左下：インドのダージリンティーと桃でひとやすみ。食器は、家の近くのヴィンテージショップで見つけたもの。右下：人形コレクションの中には、フランスの老舗ドールメーカー、プチ・コラン社のものも。

左上：インドとパリで買い集めたフレーム。**右上**：ミシンの上の棚には、フィッシャー・プライス社のおもちゃなどをにぎやかにデコレーション。**左中**：インドから持ち帰ったミニ・シャンデリア。**左下**：ノリコがパリにやってきた当初からずっと一緒にいる、やさしいひつじさん。**右下**：寝室にある鏡台の上に、のみの市で見つけた美しい子ども服を並べて。ゴールドの天使は、おまもり的な存在。

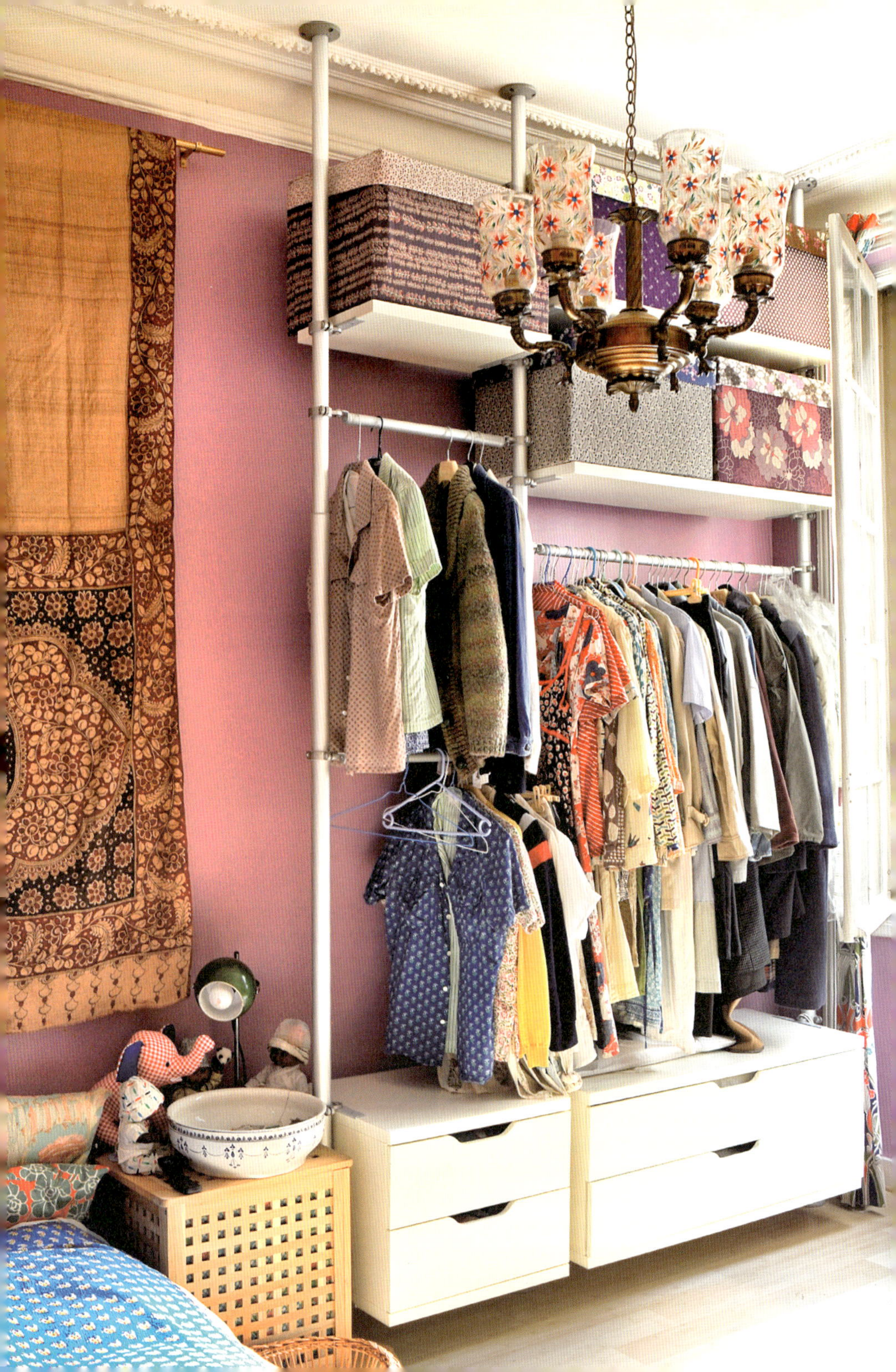

左上：あたたかみのあるイエローにペイントしたキッチン。右上：50年代のフックに、インドで買い物をしたときに商品をいれてもらうバッグをかけて。右中：お茶好きのふたりの茶葉コーナーには、インドのダージリンを中心に、玄米茶やノリコのおばあさんの手づくりものも。左下：ガラス瓶の中はそれぞれ、ネパール料理用のバスマティ米と、和食用のイタリア米。右下：キッチンでは、このラジオをかけて楽しくお料理。

イエ
ie
128, rue Vieille du Temple 75003 Paris

ユニークなプリント布地を使った子ども服がパリの若いママたちに話題の「イエ」。店内には、そのほかにもインテリア用ファブリックや小物、そしてインドの雑貨が並びます。パリやインドでの素敵な出会いの数々と、ふたりの感謝の気持ちが、このお店をあたたかく包みます。

右上：インドのハンディキャップの人たちが手がける動物のぬいぐるみ。左上：2010年の春夏コレクションで発表したスカーフは、子どもだけでなく大人にもおすすめ。左下：かわいらしいベビーシューズは、出産のお祝いに。右下：シーズンのテーマにあわせて、店内も変化。棚に並ぶのは、量り売りのテキスタイル。色や柄をさまざまに取り揃えているので、選ぶのが楽しい！

Alexandrine Soudry et Karim Laroui

アレクサンドリーヌ・スドリィ & カリム・ラルイ

créateurs de Ali met Floyd, décoratrice et architecte d'intérieur
「アリ・メット・フロイド」クリエーター、デコレーター&インテリアデザイナー

それぞれのテイストが出会って、新しいスタイルに

モロッコ女性たちのハンドメイドのカーペットに
デザイナーズ・チェアやランプをあわせて。
アレクサンドリーヌの好きなエスニックと
カリムお気に入りのモダン・スタイルが生み出す
すばらしいコンビネーション・インテリア。
ふたりの趣味は、まったく正反対なので
オブジェをレイアウトするまで、いつも大論争！
でも深いディスカッションが、よりよい関係、
完璧なクリエーションに結びついています。

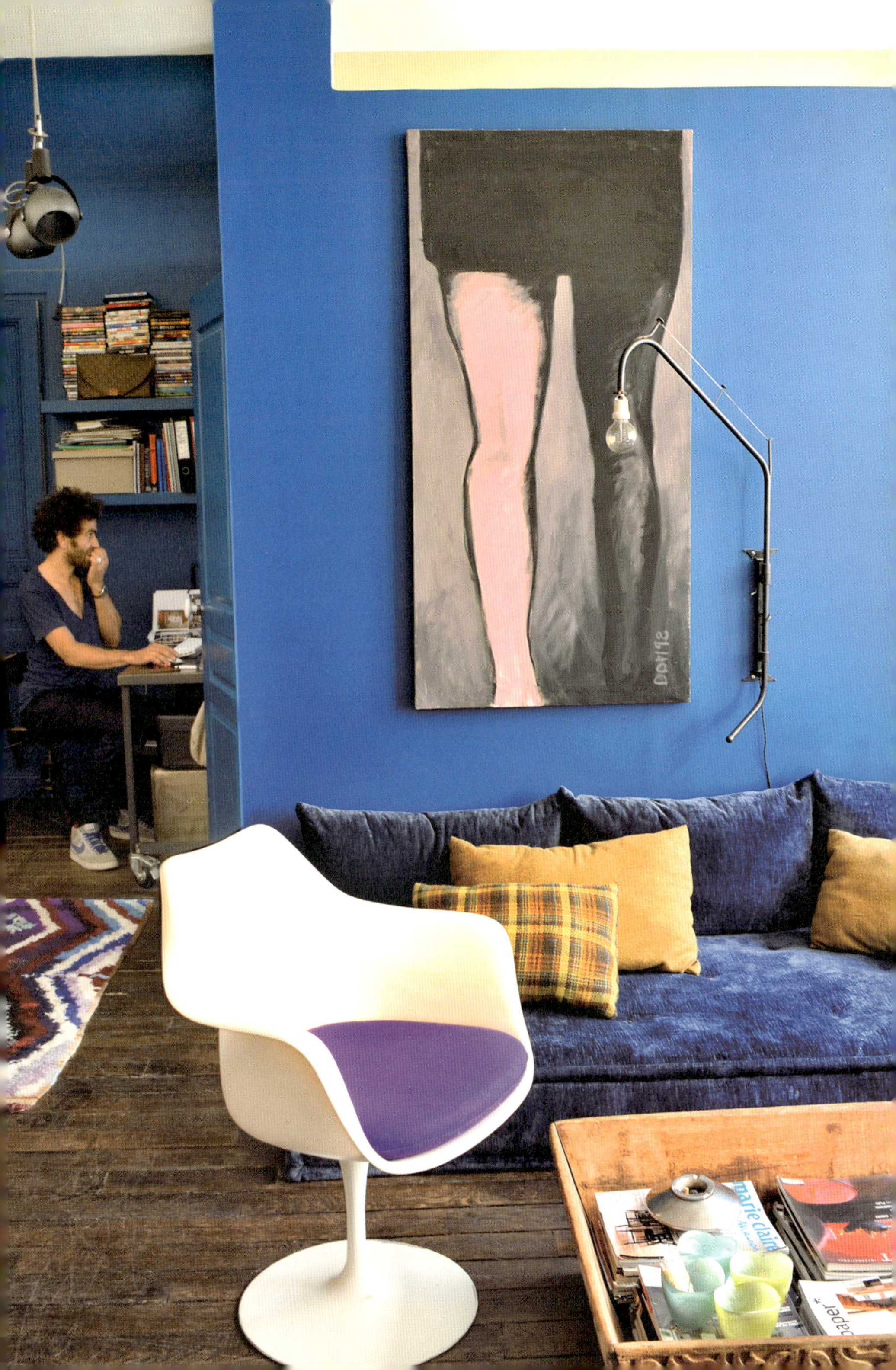
marie claire

以前は女優として活躍していたアレクサンドリーヌ。あるときモロッコに旅立ち、そこで職人さんの手仕事に触れ、レストランなどの内装の仕事をはじめることに。パリに戻るときには、モロッコ生まれのインテリア雑貨で、スーツケースはぎっしり！ カリムはアレクサンドリーヌの仕事を手伝ったのをきっかけに、インテリアの道へ。そしてふたりは「アリ・メット・フロイド」という事務所を立ち上げました。この名前は1965年のモハメド・アリとフロイド・パターソンの伝説的なボクシングの試合にインスピレーションを得たもの。同じテーマで一緒に戦うことができるのは、ふたりの喜びです。

左：カリムにとって最愛の友だちの自転車は、パリを移動するときはいつでも一緒。壁にはアレクサンドリーヌがコレクションしていた古いイラストを飾って。右上：3歳になる息子のリノが以前はいていた靴を、70年代の雑誌の上に。右下：友だちから譲ってもらった写真は、ふたりのお気に入り。

左上：旅先から持ち帰ったグラスとタッセル。右上：細かな細工が美しい、シルバーのオブジェたち。左下：インテリアのイメージをコラージュしたノートと素材サンプルは、仕事に欠かせないアイテム。右下：ダイニングルームには、「アリ・メット・フロイド」で制作したテーブルと水滴のような形をしたランプシェード。飾り棚にはカシニョールとアンドレ・ブラジリエのリトグラフを並べて。

Line Fontana et David Fagart

リヌ・フォンタナ＆ダヴィッド・ファガール

créateurs de l'Atelier L+D, architectes
「アトリエL+D」クリエーター、建築家

家づくりのプロジェクトは、ふたりの夢と情熱

建築事務所で出会った、リヌとダヴィッド。
シアトルからデトロイトまで、イームズをはじめ
ピエール・コーニッグやリチャード・ノイトラたち
あこがれの建築家の足跡をたどって、アメリカ横断。
いろいろなものを見て、刺激を受けたふたりは、
パリに戻って、一緒に事務所を立ち上げました。
はじめての仕事は、パリ市内の個人の住宅。
設計デザインから食器のセレクションまで、すべてを
ふたりで手がけた記念すべきプロジェクトです。

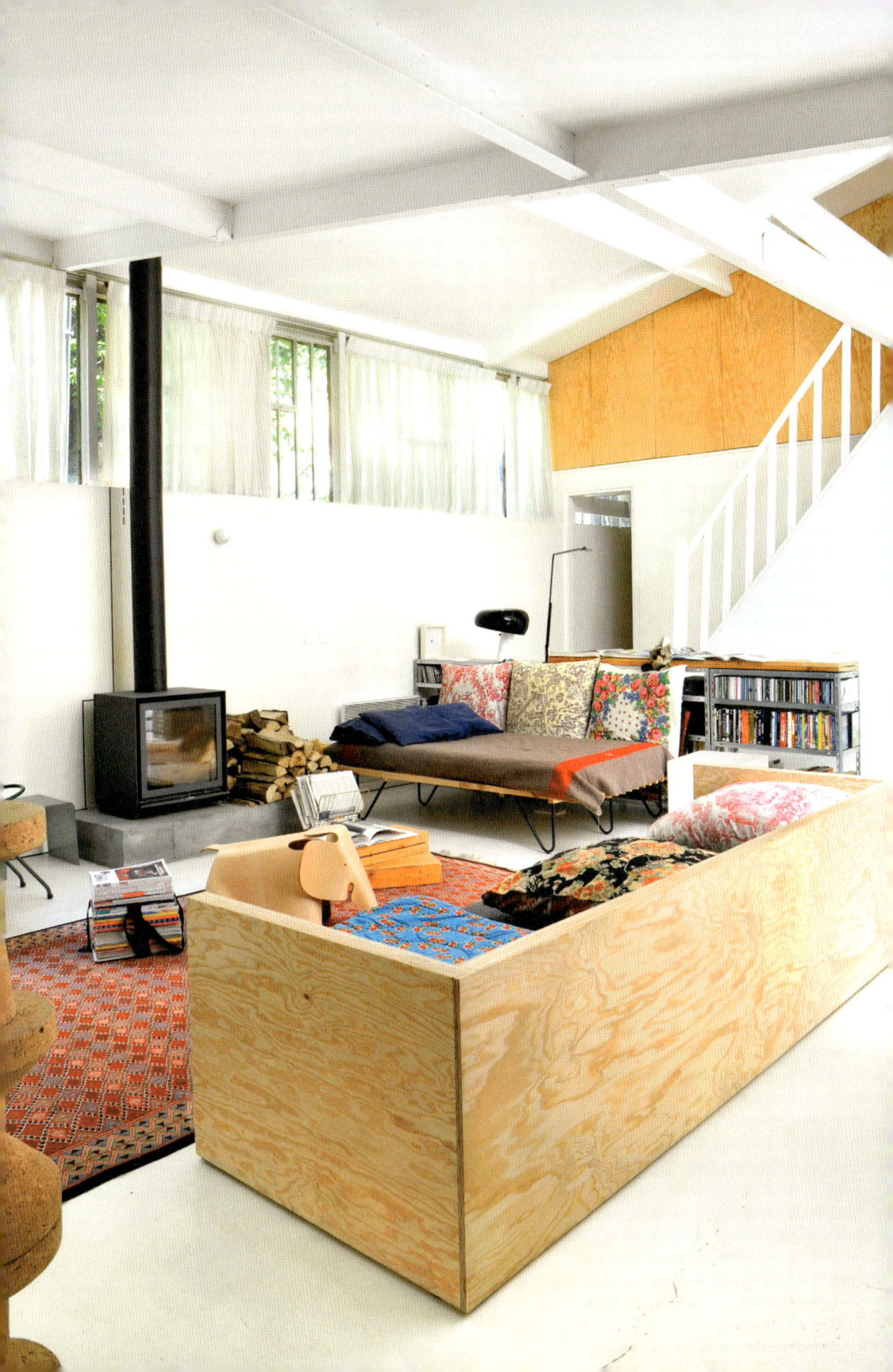

パリのアラブ世界研究所やケ・ブランリ美術館などを手がけた建築家、ジャン・ヌーヴェルのスタジオで出会ったリヌとダヴィッド。いまでもダヴィッドはスタジオに所属していますが、リヌはジュネーヴの学校で室内スタイリングを教えています。そして、一緒に仕事をするために建築事務所「アトリエL+D」もスタート。そんなふたりが手がけた自分たちの住まいは、19区にあるマリオネット工場をリノベーションした空間。素足に心地いいように、床はコンクリートでおおい白くペイントして仕上げました。鉄や木などの素材感をそのままシンプルに、開放的な雰囲気を楽しんでいます。

上：広々とした1階はリヌとダヴィッドがデザインしたソファーを境に、ワーキングスペースとリビングを分けて。左下：建築物のコンセプト画を描くときに使う、ダヴィッドのパステル。右下：ジュネーヴのブラッスリーで使われていたテーブルの上に広げた紙のマスクは、パリの本屋さんで見つけたもの。

左上:リビングに置いた子どもたちのためのデスクも、ふたりのデザイン。3歳になるレベッカは、ここでぬりえをしたり、本を読んだり。右中:ジュネーヴの劇場が閉館するときに引き取ったイス。左下:お父さんから譲り受けた地球儀は眺めていると、ちょっとセンチメンタルな気分になるというリヌ。右下:トゥールーズ市のプロジェクトのための模型とカラーサンプル。

左上：中庭に通じるドアとガラス壁は、工場だったころの面影を残します。右上：クジャクのオブジェをコレクションしはじめたばかり。白い磁器は、友だちのブダペストみやげ。右中：建築家リナ・ボ・バルジの作品集。左下：ふたりでオフィスを構えることを決めたきっかけになった、アメリカ旅行の思い出の品々。右下：1歳のアルチュールを抱いて、中庭のハンモックでくつろぐダヴィッド。

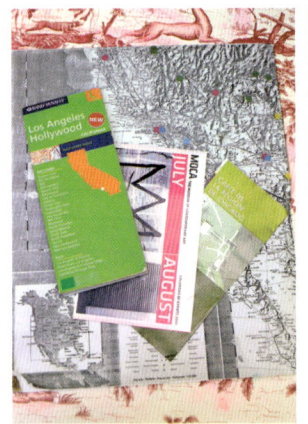

上：2階にある子ども部屋。壁面が黒板になっていて子どもたちがお絵描きを楽しめる2段ベッドは、リヌとダヴィッドの作品。天井には「プチパン」の魚型のモビール。**左中**：段ボールでできた、ねずみのおうち。**左下**：チュニジアから持ち帰ったプラスチック・バスケット。**右下**：リヌのお父さんが子どものころ遊んでいた白鳥のロッキングチェアは、いま子どもたちのお気に入り。

Sophie Deiss et Jean-Christophe Saurel

ソフィー・デス&ジャン=クリストフ・ソレル

duo de réalisateurs soandsau
「ソーアンドソー」映像監督

ふたりでつづる、ユーモラスなキャラクターの物語

ソフィーとジャン=クリストフが暮らすのは
パリではめずらしい高層アパルトマン。
窓の下に広がる街並は、まるでおもちゃの家々。
モンマルトルの丘と、サクレクール寺院が見える
テラスに出したテーブルで、のんびりと過ごすことは
ふたりにとって、すばらしい気分転換の時間。
今日は、娘のマヤと一緒に、お絵描き。
コマーシャルのために、パパとママが作り出した
キャラクターたちは、マヤもお気に入りです。

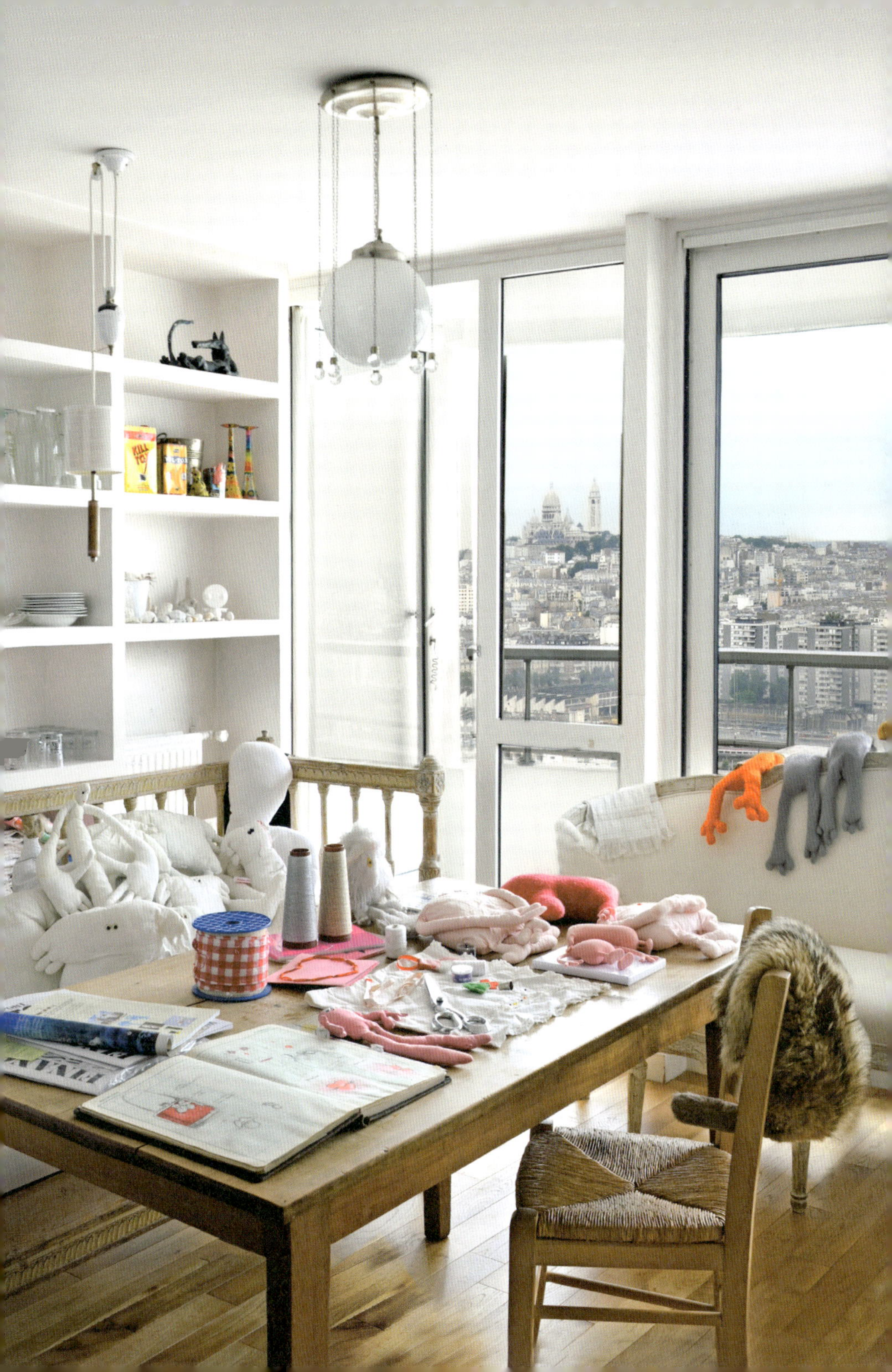

フランスの広告代理店BETCで、コマーシャル撮影の仕事をとおして出会ったソフィーとジャン＝クリストフ。ユニット名の「ソーアンドソー」は、ふたりの名前をあわせたもの。ジャン＝クリストフがイラストを描き、ソフィーがそのキャラクターのぬいぐるみを作って立体化させます。さらに文章を加えたり撮影をしたり、それぞれが助けあいながら、ユニークなキャラクターとその物語を作り出します。人生を共有するパートナーと一緒に、創作活動ができることは、お互いにとって大きなよろこび。クリエーションはいつも日常の中にあるということが、アパルトマン全体から感じられます。

左：オオカミは、ジャン＝クリストフの作品によく出てくるキャラクター。お父さんがシェバードの調教師だったので、親近感を持っています。右下：ソフィー愛用の「マミヤ」のカメラと、広告コンクール、クリオ賞のトロフィー。「ソーアンドソー」はじめての映像作品で受賞した記念の品。

左上:ピンクのキャラクターの名前はムリエル。右上:ふたりで生み出したナンポルトクワの仲間たち。「ナンポルトクワ」とは、フランス語で「何でもあり」という意味。左下:広告のために作った、大きなオオカミのぬいぐるみの前で。右中:陶器のオオカミは、ジャン=クリストフの作。その下の段には旅の思い出や子どもたちの工作を並べて。右下:アイデアノートと、「ウォーターボーイ」の缶バッジ。

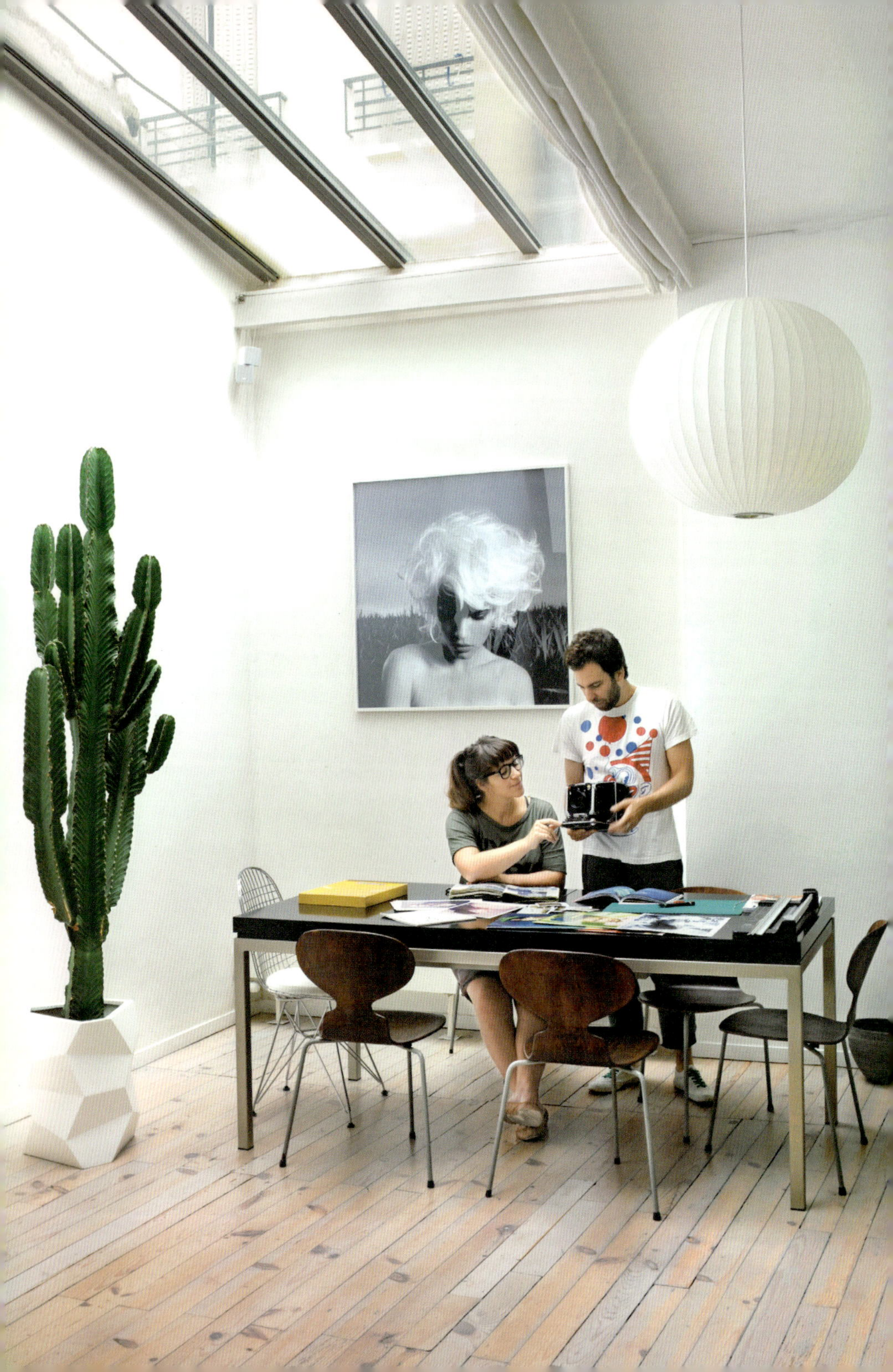

Radka Leitmeritz et René Hallen

ラドカ・レイツメリッツ＆ルネ・ハーレン

duo de photographes René & Radka
「ルネ＆ラドカ」フォトグラファー

イマジネーションをフレームの中に焼きつけて

ブランコにゆられながら、頭を低くさげる女の子
透きとおるブルーの水の下で、ただよう女性
どこか大人びた表情でたたずむ子どもたち。
ルネ＆ラドカのフレームに写し出されるのは
なつかしさと、メランコリーのはざま…
おだやかに心ゆさぶる、不思議な世界。
自分たちのインスピレーションにそって、
新しいイメージを生み出す、ラドカとルネ。
尽きることのない、ふたりの夢の物語です。

モードや広告の世界で活躍しながら、アートとしての写真作品も発表しているフォトグラファー・デュオのラドカとルネ。アリーグル市場に近い緑豊かな住宅街で、2匹のネコと一緒に暮らしています。このアパルトマンは、インターネットで見つけて、ひとめぼれ。モダンで機能的なスタイルが好きというふたりは、内装をオフィス専門の建築家ジャン・ミシェル・ウィルモットにお願いしました。ガラス張りの屋根に、グラフィカルなラインは、ミッドセンチュリーの建築を思わせます。家の中でいちばんのお気に入りは、アリゾナ産のサボテン。ふたりから、このアパルトマンへの最初の贈り物です。

上：あちこちに取られた大きな窓から、たっぷりの光が降り注ぐ気持ちのよいダイニング。壁のモノクロ作品は、ふたりのはじめての展示会「ムーンエイジ・デイドリーム」で発表した1枚。左下：「ミス・シックスティ」の子ども服コレクションの広告で手がけた作品。右下：ルネが集めている、ふくろうたち。

上：仕事中も音楽は欠かせないというふたりのレコードコーナー。「アイ・クロック」は、ジョージ・ネルソンのデザイン。中：タンゴとキャッシュと一緒に。このとき妊娠中だったラドカはまだお腹の中にいるヴィクトールによく話しかけていました。左下：「ルネ＆ラドカ」の作品展のカタログ。中下：帽子箱とバービーの本を重ねた上に、ハッセルブラッドとリンホフ・テヒニカのカメラを並べて。右下：「カム＆プレイ・ウィズ・アス」展で発表した作品「ザ・スウィング」。

107

上：玄関ホールのコート掛けに、お気に入りの洋服を並べて。APCのブラウスとシャネルのバッグ、ジェローム・ドレフュスのバッグにマルニのスカーフ、フレッド・ペリーのブルゾン。左下：写真のリタッチ作業などに取り組むパソコン・コーナー。右中：ドイツ語版の『星の王子さま』と、「ディプティック」のウッディな香りのキャンドル。右下：人魚のイメージを集めたスクラップブックは、企画のために。

なつかしいけれどもモダンなデザインの家具でコーディネートされたリビング。天井のボール型照明は、ジョージ・ネルソンの作品「バブル・ランプ」。

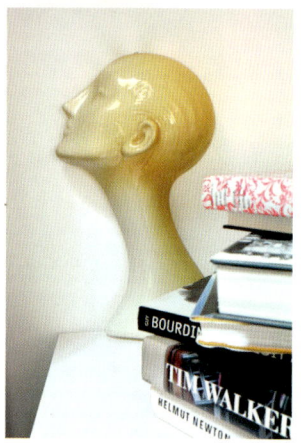

左上：2階のベッドルームへと続く階段。窓辺に置かれたデスクは、ピエール・ポーランがデザインしたもので、お気に入りの家具のひとつ。右上：ラドカが大切にしている、50年代のネコのオブジェ。右中：プラハのヴィンテージショップで見つけたランプ。左下：何度も見直す写真集やイラスト集は、イスの上に。右下：ベッドルームの本棚には、アートブック・コレクションがぎっしり。

上：ベッドリネンは、モノトーンでシックに。壁を照らすのは、フランスのジェルデ社のフロアランプ。
左下：DVDラックの前にはイサム・ノグチのランプ、そして赤い牛はおもちゃデザイナー、リブシェ・ニクロヴァによる作品。右中：プラハ生まれのネコと、ラドカのおじいちゃんとおばあちゃんの結婚式の写真。右下：クッションはイームズ・デザインのファブリックのほか、「イケア」や「ハビタ」で。

Esther Loonen
et Julien Rivet

エステル・ローネン&ジュリアン・リヴェ

styliste et conseiller de LILI & THE FUNKY BOYS
「リリ&ザ・ファンキー・ボーイズ」デザイナー&アドバイザー

ママとパパのやさしさが、ぎゅっと詰まった子ども服

ニュアンスのある、やさしい色使いと
小さな子どもたちにも安心の上質な素材。
シンプルで、シックな子ども服のブランド
「リリ&ザ・ファンキー・ボーイズ」。
ブランド名にもなっている「リリ」は
エステルとジュリアンの娘の名前!
暮らしの中で生まれたスタイルをベースに
ママとして、パパとしての愛情をこめた
コレクションを作り出しています。

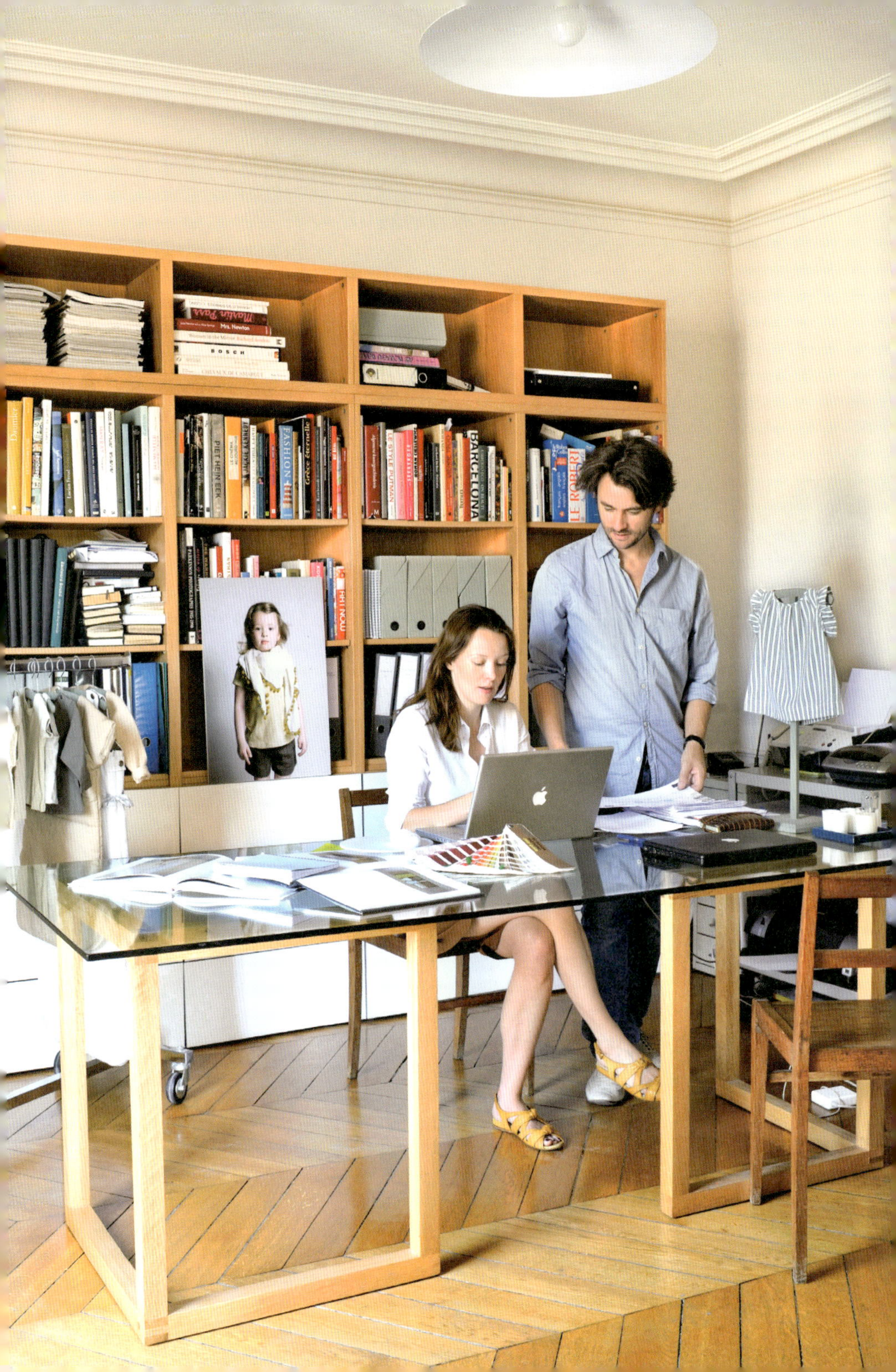

いつか自分のブランドを持ちたいという夢を叶えたデザイナーのエステル。パートナーのジュリアンは、エステルのよき理解者。弁護士として活躍しつつ、ブランドの運営について的確なアドバイスをしてくれています。ふたりの住まいは、テラスからチュイルリー公園が眺められる、パリの中心地に建つアパルトマン。建築当時1900年代の雰囲気を伝える、赤いじゅうたんが敷かれた階段を6階まであがると、ふたりの住まい。たくさんのものは置かずに、いつも整理整とんされた空間を目指しているというエステル。そうすると頭と心の中もクリアになるような気がするそう。

左：いま飛び立ったかのようなペーパークラフトのふくろうは、オーストラリアのアーティスト、アンナ・ウィリ・ハイフィールドの作。木製の子どもイスは、エステルが生まれた国オランダで。右上：まさに「リリ＆ザ・ファンキー・ボーイズ」カラーの電話は、70年代のもの。右下：冷蔵庫に、家族の思い出の写真をピンナップ。

左上：リビングの暖炉の上には、のみの市で出会うと必ず手に入れる小さなガラスの花器たち。**左中**：エステルとジュリアンがはじめて一緒に買った、オウムのキャンドルホルダー。**左下**：コレクションのカタログとベビー用の靴下。**右下**：ダイニングルームのテーブルは、パリのアーティストの作品。コンクリートの天板の気泡の感じが気に入っているけれど、冬はとても冷たいのだそう！

左上：生まれたばかりのニノの部屋に置かれた木のオブジェは、それぞれエステルとジュリアンの家族からの贈り物。右上：「アスティエ・ドゥ・ヴィラット」のキャンドル。左中：パリでひとめぼれした日本人作家の作品と、結婚式でリリが身につけたブローチ。左下：ニノのためのベビーシューズ。右下：エステルがシリーズで手がけた絵画「バード5」。はく製のひよこは、のみの市での掘り出し物。

上：黒い洋服ダンスにかけたピマ・コットンのベストと手刺しゅうがほどこされたワンピースは、「リリ&ザ・ファンキー・ボーイズ」のリリのお気に入り。左下：コットンのおくるみは、ニノのため。右中：リリの友だちのお絵描きと、アルパカの毛で作られたぬいぐるみ。右下：エステルのお姉さんが結婚のお祝いに作ってくれた小さな本。子どものころにはじまり、ジュリアンとのデートの写真まで、思い出の詰まった素敵な1冊。

Clémence et Didier Krzentowski

クレマンス&ディディエ・クラントウスキ

fondateurs de la Galerie kreo
「ギャラリー・クレオ」ファウンダー

現代アートとデザインに囲まれたミュージアム

ジノ・サルファティがデザインしたシャンデリア。
マルタン・ゼケリーによる、赤いローテーブル。
いつのまにか、現代アートの展示ルームに
迷いこんでしまったかのようなリビング。
「私たちがアーティストのいちばんのファン」と語る
この部屋の持ち主、クレマンスとディディエは
新しいデザインを発信するギャラリーのオーナー。
ふたりの夢と情熱が注ぎこまれたアートが
そのまま暮らしの中へと溶けこんでいます。

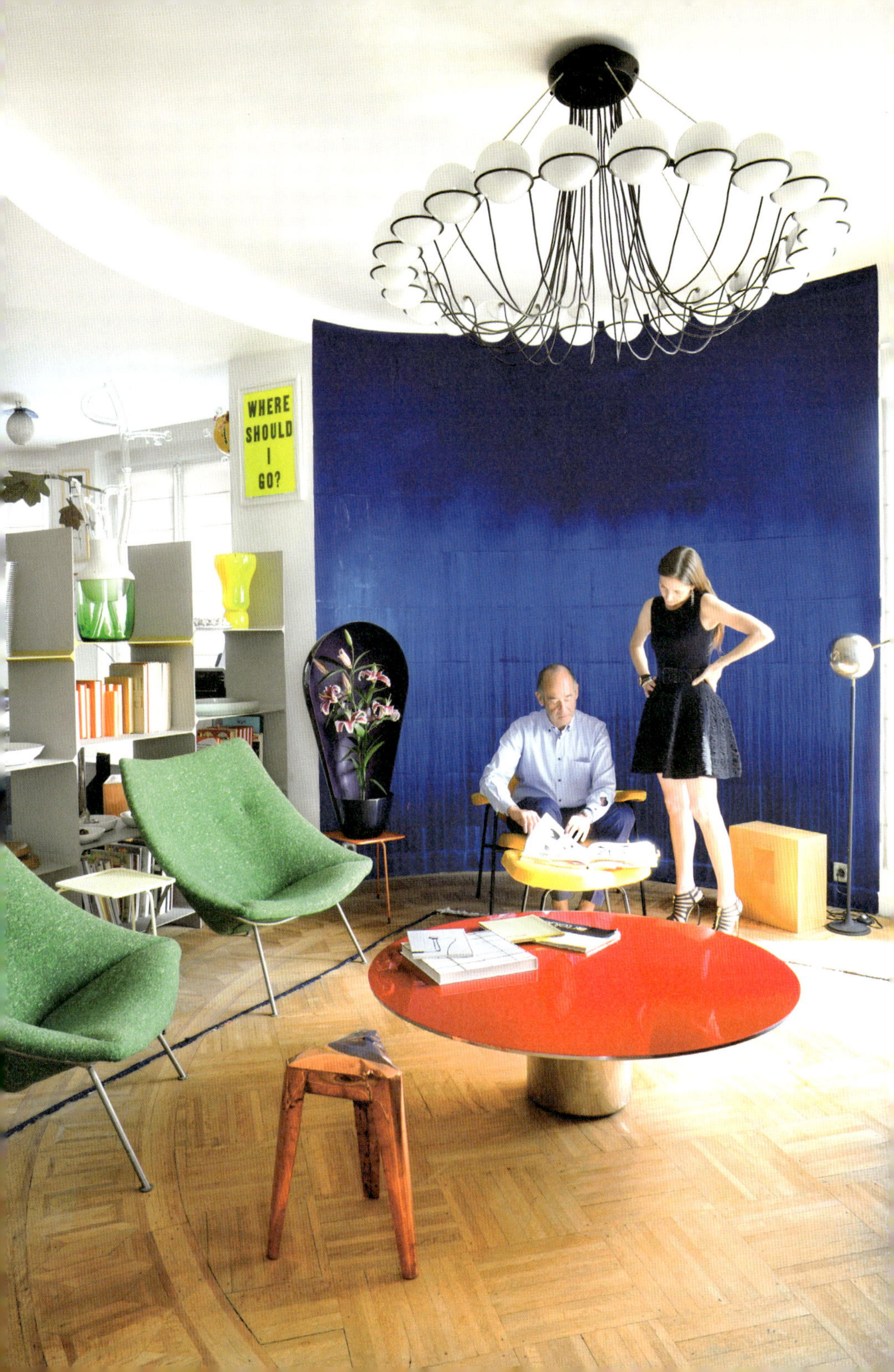
WHERE
SHOULD
I
GO?

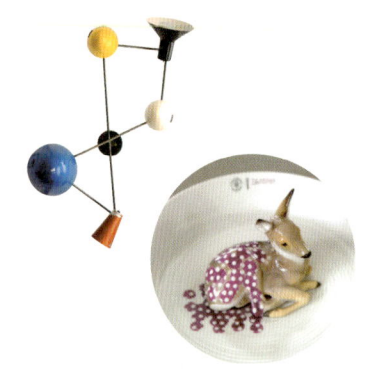

エスペラント語で「クリエーション」を意味する「クレオ」という名前で、企業とアーティストを結びつけるエージェントを立ち上げたクレマンスとディディエ。アーティストが持つ創作の夢を実現させるためのサポートをしたいという思いから、自らギャラリーも設立しました。ふたりの住まいは16区にあるオスマン・スタイルのアパルトマンで、窓からはエッフェル塔が見えます。どのコーナーも、敬愛するアーティストたちの貴重な作品でいっぱい。暮らしの中で触れることで、そのアートをより深く理解できるというふたり。その実感からまた新しいアイデアが生まれてくることも。

ふたりが腰をおろしているソファーは、ロナン&エルワン・ブルレックの作品。このボックスソファーをリビングに迎え入れるにあたって、家具や彫刻作品のバランスを整える、大がかりな模様替えをしたそう。

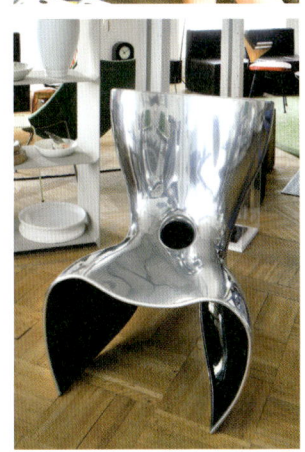

左上：青い壁もモロッコ出身のアーティスト、ラティファ・エシャクシュの作品。左中：マーク・ニューソンのデザインしたイス「アルフェルト」。右上：書斎の家具もすべてデザイナーによるもの。天井の照明はナンダ・ヴィーゴ、デスクはマルタン・ゼケリー、イスはアレッサンドロ・メンディーニ。左下：フレームにはピエール・シャルパンやブルレック兄弟が手がけた絵画。右下：ディディエ愛用のエルメスのメモ帳。

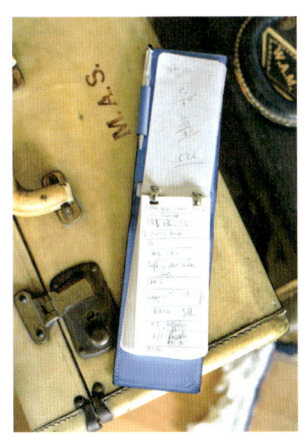

左上:廊下の天井いっぱいに広がる電球は、エティエンヌ・ボシュの作品。右上:写真はグザヴィエ・ヴェイヤン、カラフルなフレームはアラン・マックコラムの作品「サーロゲイツ」。左下:オランダ人アーティスト、ウィキー・ソマースのボート型バスタブ。右中:ディディエがニューヨーク・マラソンでゴールしたときの写真。右下:「新しい靴のために貯金するわ」というユーモラスなメッセージが書かれた貯金箱。

天井に並ぶ地球儀は、アンジュ・レチアの作品。ブルレック兄弟のフロアランプ、ピエール・ポーランの黄色のイスなどが置かれたベッドルーム。

上：ダイニングの中心は、マルタン・ゼケリーのテーブルとイス。フランソワ・ボシェのサイドボードの上には、バーバラ・クルーガーの作品を飾りました。左下：ジノ・サルファティのランプは、ディディエが現代アートやデザインをコレクションしはじめたきっかけのひとつ。中下：ハイム・スティンバックの作品。右下：ライトボックスになっている作品は、M&Mのもの。

ギャラリー・クレオ
Galerie kreo
31, rue Dauphine 75006 Paris

ギャラリーが集まるルイーズ・ウェイス通りから、2008年にパリ文化の発祥地でもある6区に引っ越してきた「ギャラリー・クレオ」。古い邸宅をリノベーションした2フロアの展示スペースに、名だたるアーティストによる貴重な作品が並びます。50年代以降の照明コレクションも豊富。

右上：ピエール・シャルパンによるローテーブル。**左上**：フランソワ・アザムブールによるランプはデザイナー自身が組み立てる限定版。**左下**：フェルナンド&ウンベルト・カンパーナによる「テラスツール」。**右下**：天井が高く、美しい光が入ってくる建物をずっと探していたというクレマンスとディディエ。作品が映える、すばらしい空間を建築家のローラン・ブッタゾーニに作ってもらいました。

toute l'équipe du livre

édition PAUMES

Photographe : Hisashi Tokuyoshi

Design : Kei Yamazaki, Megumi Mori

Illustrations : Kei Yamazaki

Textes : Coco Tashima

Coordination : Marie Mersier, Fumie Shimoji

Conseil aux textes Français : Emi Oohara

Éditeur : Coco Tashima

Art direction : Hisashi Tokuyoshi

Contact : info@paumes.com   www.paumes.com

Impression : Makoto Printing System

Distribution : Shufunotomosha

Nous tenons à remercier tous les artistes qui ont collaboré à ce livre.

édition PAUMES　ジュウ・ドゥ・ポゥム

ジュウ・ドゥ・ポゥムは、フランスをはじめ海外のアーティストたちの日本での活動をプロデュースするエージェントとしてスタートしました。
魅力的なアーティストたちのことを、より広く知ってもらいたいという思いから、クリエーションシリーズ、ガイドシリーズといった数多くの書籍を手がけています。近著には「パリのチョコレート屋さん」「フィンランドのファミリースタイル」などがあります。ジュウ・ドゥ・ポゥムの詳しい情報は、www.paumes.comをご覧ください。

また、アーティストの作品に直接触れてもらうスペースとして生まれた「ギャラリー・ドゥー・ディマンシュ」は、インテリア雑貨や絵本、アクセサリーなど、アーティストの作品をセレクトしたギャラリーショップ。ギャラリースペースで行われる展示会も、さまざまなアーティストとの出会いの場として好評です。ショップの情報は、www.2dimanche.comをご覧ください。

Paris Creative Couples
パリのカップルスタイル

2011 年 3 月 10 日 初版第 1 刷発行

著者：ジュウ・ドゥ・ポゥム

発行人：徳吉 久、下地 文恵
発行所：有限会社ジュウ・ドゥ・ポゥム
　　　　〒 150-0001 東京都渋谷区神宮前 3-5-6
　　　　編集部 TEL / 03-5413-5541
　　　　www.paumes.com

発売元：株式会社 主婦の友社
　　　　〒 101-8911 東京都千代田区神田駿河台 2-9
　　　　販売部 TEL / 03-5280-7551

印刷製本：マコト印刷株式会社

Photos © Hisashi Tokuyoshi
© édition PAUMES 2011 Printed in Japan
ISBN978-4-07-277440-3

Ⓡ＜日本複写権センター委託出版物＞
本書(誌)を無断で複写複製(コピー)することは、著作権法上の例外を除き、禁じられています。本書(誌)をコピーされる場合は、事前に日本複写権センター(JRRC)の許諾を受けてください。
日本複写権センター(JRRC)
http://www.jrrc.or.jp　eメール：info@jrrc.or.jp　電話：03-3401-2382

＊乱丁本、落丁本はおとりかえします。お買い求めの書店か、
　主婦の友社 販売部 03-5280-7551 にご連絡下さい。
＊記事内容に関する場合はジュウ・ドゥ・ポゥム 03-5413-5541 まで。
＊主婦の友社発売の書籍・ムックのご注文はお近くの書店か、
　コールセンター 049-259-1236 まで。主婦の友社ホームページ
　http://www.shufunotomo.co.jp/ からもお申込できます。

ジュウ・ドゥ・ポゥムのクリエーションシリーズ

チャーミングなラブ・ストーリーがいっぱい
Appartements d'amoureux à Paris
パリの恋人たちのアパルトマン

著者：ジュウ・ドゥ・ポゥム
ISBNコード：978-4-07-254982-7
判型：A5・本文 128 ページ・オールカラー
本体価格：1,800円（税別）

さわやかでやさしい北欧の恋人たちの空間
Stockholm's Love Apartments
北欧ストックホルム
恋人たちのアパルトマン

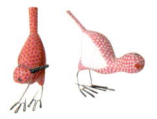

著者：ジュウ・ドゥ・ポゥム
ISBNコード：978-4-07-259330-1
判型：A5・本文 128 ページ・オールカラー
本体価格：1,800円（税別）

パリジェンヌたち30人のかわいい暮らし
petits Appartements à Paris
パリの小さなアパルトマン

著者：ジュウ・ドゥ・ポゥム
ISBNコード：978-4-07-250441-3
判型：A5・本文 128 ページ・オールカラー
本体価格：1,800円（税別）

手づくりが好きなパリの女の子たちの部屋
Appartements de filles à Paris
パリジェンヌのアパルトマン

著者：ジュウ・ドゥ・ポゥム
ISBNコード：978-4-07-266710-1
判型：A5・本文 128 ページ・オールカラー
本体価格：1,800円（税別）

ファッションもインテリアもおしゃれに楽しく
Girls Fashion Style Paris
パリ おしゃれガールズ スタイル

著者：ジュウ・ドゥ・ポゥム
ISBNコード：978-4-07-254002-2
判型：A5・本文 128 ページ・オールカラー
本体価格：1,800円（税別）

パリの男の子たちの秘密基地へようこそ
Appartements de Garçons
パリジャンのアパルトマン

著者：ジュウ・ドゥ・ポゥム
ISBNコード：978-4-07-270395-3
判型：A5・本文 128 ページ・オールカラー
本体価格：1,800円（税別）

www.paumes.com
ご注文はお近くの書店、または主婦の友社コールセンター（049-259-1236）まで。
主婦の友社ホームページ(http://www.shufunotomo.co.jp/)からもお申込できます。